REBECCA SCHIRGE

MEINE Auszeiten OSTWESTFALEN-LIPPE

DURCHATMEN & KRAFT SCHÖPFEN

DROSTE

Ihr seid wundervoll!

Ein großes Dankeschön an all die tollen Menschen, die auf ihre Weise dazu beigetragen haben, dass dieses Buch entstehen konnte. Ihr seid wundervoll!

Liebe Auszeit-Suchende,

zum Glück muss man nicht (weit) reisen, um sich eine Auszeit vom Alltag zu schenken. Auch hier in Ostwestfalen-Lippe lassen sich viele Glücksmomente erleben. Die herrliche Naturkulisse mit den sanften Hügeln des Teutoburger Waldes, den weiten Wiesen und Feldern und den historischen Parks trägt definitiv dazu bei.
Das Schreiben dieses Buches hat meine Begeisterung für die Vielfalt meiner Heimat neu entfacht: Ich ging mit einem Esel auf einsamen Wanderwegen, lernte die Kunst des Sommersträußebindens kennen und tauchte tief in die Klanglandschaft eines Festivals ein. Schließlich lassen sich Auszeiten nicht nur in der Stille finden – viel wichtiger ist es, ganz im Hier und Jetzt zu sein.
Auch zahlreiche unvergesslich schöne Momente mit mir allein durfte ich erleben, es war ein herrliches Gefühl, die Natur ganz bewusst und ungestört zu genießen.
Ob kurze Atempause oder langes Wochenende – in diesem Buch findest du insgesamt 70 Inspirationen, die zum Auftanken einladen.

Ich wünsche dir viel Freude beim Lesen und Ausprobieren!

Deine Rebecca Schirge

✻ Meine Atempause

1 **BEACHVIBES ZUM FEIERABEND** Eisklang am Salitos Beach 8
2 **IM KRÄUTERPARADIES** Kräuterladen Paracelsus 10
3 **WIE GOTT IN FRANKREICH** Café petit et surprise 12
4 **IM GRÜNEN WANDELN** Gräflicher Park Bad Driburg 14
5 **ALTSTADT MIT FLAIR** Historischer Stadtkern Rietberg 16
6 **BEI ASANAS LOSLASSEN** Yin Yoga mit Bianca Reinisch 18
▶ *Die Macht der Meridiane* 20
7 **AUF KUSCHELKURS** Bremehr's Hof-Markt 22
8 **NOSTALGISCHE CAFÉTOUR** Zwei besondere Cafés in Niederdornberg 24
9 **FREIHEIT FÜR DIE FÜSSE** Kurpark Bad Holzhausen 26
10 **ASIATISCHE AUSZEIT** Lanai Green Nature Spa 28
11 **LAUES LÜFTCHEN** Wanderung zur Windmühle Bavenhausen 30
12 **IN KLANGWELTEN ABTAUCHEN** entspannung in herford 32
13 **FLANIEREN AM FLOHMARKT** In der Altstadt von Detmold 34
14 **DER ENTSPANNUNG ENTGEGEN** Wanderung im Teutoburger Wald 36
▶ *Der Weg ist das Ziel* 38
15 **KULINARISCHER AUSBLICK** Picknick auf der Sparrenburg 40
16 **EIN SOMMERNACHTSTRÄUMCHEN** Open-Air-Kino Luna 42
17 **FRIEDVOLLER ORT** Kaiserbrunnen und Schneekapelle 44
18 **FEIERABEND AM FLUSS** Die Lutter in der Ravensberger Straße 46
19 **PARADIES AUF ERDEN** Kloster Dalheim 48

20 **EIN HAUCH VON MAGIE** Räucherritual in der Buchhandlung mondo ... 50

▶ *Die Kraft des Feuers* ... 52

21 **PRICKELNDER FRISCHEKICK** Kaltbaden an der Bega ... 54

22 **WÜNSCH DIR WAS** Sterne gucken an der Ruine Falkenburg ... 56

23 **GEFIEDERTES ORCHESTER** Vögel im Naturschutzgebiet Dankmasch ... 58

24 **GRÜNE ENERGIE TANKEN** Heilklimatische Wanderung ... 60

▶ *Energie durch Entspannung* ... 62

25 **QUIGONG IM GEHEIMEN GARTEN** Klostergarten Wiedenbrück ... 64

Meine Kraftquelle

26 **EINE SOMMERLIEBE** Biohof Mertens Wiesbrock ... 66

27 **FREIHEIT FÜHLEN** Wanderung zum Wiehenturm ... 68

28 **UNTERM BLÄTTERDACH** Im Nordpark ... 70

29 **IM FARBRAUSCH** Porzellansalon ... 72

30 **MIT ALLEN SINNEN** Waldbaden-Pfad Kalletal ... 74

▶ *Grüner Seelenschmeichler* ... 76

31 **NÄCHTLICHES SCHAUSPIEL** Botanischer Garten Bielefeld ... 78

32 **ALLES IM FLUSS** Indian Balance am Doberg ... 80

33 **BEZAUBERNDE FENSTERMUSIK** Kostenloses Konzert im Freien ... 82

34 **FESTIVAL-FEELING** Wapelbeats im Wapelbad ... 84

35 **RUNDWEG MIT WEITBLICK** Unterwegs auf dem Bergweltenweg ... 86

36 **EIN HAUCH VON FRANKREICH** Lavendelfelder in Fromhausen 88

37 **AUSFLUG IM ESELTEMPO** Kuscheln auf dem Rosenhof 90

38 **DER KLANG DES REGENS** Wanderung durchs Furlbachtal 92

39 **SÜSSE GALERIE** Café Künstlerei 94

40 **INS GRÜN ABTAUCHEN** Kräuterführung mit Katharina Hinze 96

▶ *Gesunde Gaumenfreuden* 98

41 **IM BÜCHERHIMMEL** Stadtbibliothek Bielefeld 100

42 **DURCH WALD UND ÜBER WEIDE** Wanderweg „Ochsentour“ 102

43 **ENTSPANNT IM MOOR** Gräflicher Park Health & Balance Resort 104

44 **LEUCHTENDE FARBEN** Museum Peter August Böckstiegel 106

45 **MEERESFEELING PUR** Salzgrotte Jöllenbeck 108

▶ *Salz liegt in der Luft* 110

46 **ZIEMLICH ZAUBERHAFT** Schlosspark Rheda 112

47 **FARBTUPFER IM ALLTAG** Malen mit Freunden 114

48 **SONNENGRUSS IM PARK** Yoga im Bürgerpark 116

49 **DEM MYTHOS AUF DER SPUR** „Blaubeerroute“ an den Externsteinen ... 118

Mein Tag Urlaub

50 **HYGGELIGE AUSZEIT** VitaSol Therme 120

▶ *Entspannt ins Schwitzen kommen* 122

51 **AB AN DIE WESER** Radtour auf dem Weser-Radweg 124

52 **DEM HIMMEL SO NAH** Segelfliegen am Flughafen Oerlinghausen 126

53 **DER NATUR LAUSCHEN** Wanderweg „Wahrnehmung“ ... 128

54 **LANDPARTIE MIT OBSTBLÜTE** Radtour ab Rheda-Wiedenbrück ... 130

55 **IM SCHREIBFLUSS** Kreatives Schreiben mit dem Literaturbüro Detmold ... 132

56 **WALD DER KLEINEN WUNDER** Unterwegs auf der „Wunderrunde“ ... 134

57 **REISEN WIE ANNO DAZUMAL** Dampfeisenbahn Weserbergland ... 136

58 **LESEZEIT IM GRÜNEN** Im Baumerstal ... 138

59 **KUNST IM WALD** Land-Art-Workshop im Teutoburger Wald ... 140

60 **MEDITATIVE WANDERUNG** Auf dem Pilgerweg bei Detmold ... 142

▶ *Achtsamkeit im Alltag* ... 144

Meine Frei-Zeit

61 **EINFACH MÄRCHENHAFT** Die Märchenstube ... 146

62 **IM GLAMPINGGLÜCK** Übernachten im Glampingzelt ... 148

63 **LAND(AUS)ZEIT MIT KULTUR** Altes Forstamt ... 150

64 **KLEINER RETRO-ROADTRIP** Fernwehbullis ... 152

65 **IM NAMEN DER ROSE** Rosindell Cottage B&B ... 154

66 **AUF UND DAVON** „Weg der Stille“ ... 156

67 **IM BUNTEN WUNDERLAND** Urlaub im Tiny House ... 158

68 **MIT ALLEN SINNEN** Ayurvedisches Kochseminar mit Yoga Vidya ... 160

▶ *Wohltat für Körper, Geist und Seele* ... 162

69 **AUF INS ABENTEUER** Erlebnisbauernhof Kastanienhof ... 164

70 **PLÄTSCHERNDE IDYLLE** Floating Houses ... 166

BEACHVIBES ZUM FEIERABEND

Feiner Sand unter den Füßen, Eiswürfel im Glas, Beachbeds und karibische Beats sorgen für Urlaubsflair. Könnte ein Feierabend perfekter sein?

Manchmal muss man gar nicht weit reisen, um an einem **Traumstrand** zu liegen. Wer den Eisklang am Salitos Beach am Lippesee betritt, könnte denken, er sei in der Südsee gelandet. Dort warten Bali-Schirme und wunderschöne Strandbetten darauf, Schatten an heißen Sommertagen zu spenden. Windspiele aus Perlmutt glitzern im Licht, ein meditierender Buddha strahlt Frieden aus. Am Ufer lädt eine **Baumschaukel** dazu ein, die Seele baumeln zu lassen. Einzig das Wasser ist nicht türkis-, sondern badeseefarben. Aber wen stört das schon, wenn der Rest einfach paradiesisch anmutet?

Möchte man erst an der Strandbar einen Drink nehmen, eine leckere Pinsa essen oder lieber direkt in den kühlen See springen? Entscheidungen wie diese sind die einzigen, die man hier treffen muss. Unterm Bambusdach des bequemen Beachbeds ist's herrlich schattig, ein **laues Lüftchen** weht durch die Leinentücher. Spätestens jetzt fällt der Stress des Alltags komplett von einem ab. Man ist ganz im Hier und Jetzt, an diesem wunderbaren Ort.

Für mich!
Zeit zum Träumen

Zeit, ins Wasser zu gehen. Mit jedem Schwimmzug werden die Musik und das Lachen der Kinder am Strand leiser, hier draußen ist man mit sich allein. Welch ein **herrliches Gefühl,** in freier Natur zu schwimmen. Vor einem liegt eine schöne Kulisse, mit all den Bäumen, die den See säumen, und den weißen Segeln der Boote am Horizont, die scheinbar lautlos übers Wasser gleiten.

Nun gilt's, die letzten warmen Sonnenstrahlen des Tages einzufangen. Tropfen um Tropfen trocknet auf der Haut. Ein Glücksgefühl, das **Erinnerungen an Sommerurlaube** weckt. Sobald es kühler wird, kehrt man zurück zum Strandbett und kuschelt sich hinein in die schön bestickten Kissen. Dies ist der ideale Ort, um einfach nur dazuliegen und zu schauen, wie die Sonne langsam hinter den Baumwipfeln versinkt und Himmel und Wasser in Pastelltöne taucht. Immer wieder schön, so ein **Sundowner am See.**

Eisklang am Salitos Beach, Sennelagerstraße 66, 33106 Paderborn

IM KRÄUTERPARADIES

Der Kräuterladen Paracelsus lockt mit uriger Atmosphäre und den berühmten Heilkräutertees, die auf individuelle Bedürfnisse abgestimmt werden können.

Bereits durchs Fenster lässt sich erspähen, was diesen Laden so einzigartig macht. Da sind zum Beispiel die antiken Apothekerschränke und all die Kupferstiche von Kräutern an den Wänden. Tritt man ein, strömt einem ein **herrlich würziger Duft** in die Nase. Hinter der grün gestrichenen Theke steht Dagmar Schulz und begrüßt die Kunden herzlich. Die 46-Jährige ist gelernte Heilpraktikerin und Phytotherapeutin und hat sich darauf spezialisiert, wie **Pflanzen als Arzneimittel** verwendet werden können.
Ihr Vater Heiner Scheller, ebenfalls Heilpraktiker und Phytotherapeut, gründete 1981 den kleinen, aber feinen Kräuterladen in Bielefeld. „Ich bin in diesem Laden groß geworden und stand schon mit fünf Jahren hinterm Tresen", erzählt Dagmar Schulz.
2019 übernahm sie den Kräuterladen ihres Vaters. „Ich konnte mir nicht vorstellen, dass es den Laden irgendwann nicht mehr gibt. Und ich wollte nach meiner kaufmännischen Ausbildung wieder **zurück zur Natur**!" Ein Wunsch, den sie auch bei ihren Kunden verstärkt wahrnimmt.
Den traditionellen Charme des Kräuterladens hat sie erhalten und ihn mit viel Liebe zum Detail erweitert. Auch am Konzept wurde nicht viel verändert: So wie schon vor über 40 Jahren steht die Beratung im Fokus, denn die **wohltuenden Kräutermischungen** können für jeden Kunden individuell zusammengestellt werden. Vor allem Bitterkräuter kommen häufig zum Einsatz. Sie enthalten Stoffe, die unter anderem die Verdauung verbessern können. Nur an ihren Geschmack muss man sich erst gewöhnen.
Das Sortiment von Dagmar Schulz umfasst mehr als 150 Heilkräuter, fast alle sind biozertifiziert, andere haben Apothekerqualität. Auch fertige Teemischungen wie „Balance & Relax" und Produkte aus der Naturkosmetik gibt es im Laden zu kaufen. Ein weiteres Highlight sind die essbaren Blüten: Mit ihnen lassen sich nicht nur Suppen oder Salate in ein **Fest der Farben** verwandeln.

Für mich!
Körper und Seele mit Kräutern verwöhnen

Kräuterladen Paracelsus, Bolbrinkersweg 32, 33617 Bielefeld, www.kraeuterladen-paracelsus.de

WIE GOTT IN FRANKREICH

Quiche, Apfeltarte oder doch lieber Macarons? Willkommen im Schlemmerhimmel – in diesem Café wird alles mit viel Liebe und von Hand gemacht.

Mitten im Herzen von Rheda liegt das bezaubernde Café petit et surprise. Bereits beim Betreten kommt sommerliche Leichtigkeit auf: Da sind die farbenfrohen exotischen Tapeten, die **bunten Blumensträuße** und all die hübschen Accessoires, die an jeder Ecke begutachtet werden möchten. Vor lauter Verzückung weiß man gar nicht, wohin man zuerst schauen soll. Und so wird schnell deutlich, dass der Name des Cafés Programm ist.
„Damals gab es hier eine Confiserie, die Petit Denis hieß", erzählt Inhaberin Sylvia Urbaniak, „diese wurde dann leider geschlossen. Als wir das Café 2019 kauften, wollten wir die Tradition gerne beibehalten, daher nannten wir es Café petit et surprise. Et surprise steht für die vielen **kleinen Dinge,** die wir hier verkaufen. Kissen, Schmuck, Vasen und vieles mehr. Sie stammen größtenteils aus einer Manufaktur in Warendorf."
Wer das Café besucht, sollte also unbedingt genug Zeit zum Stöbern einplanen. Zum Genießen natürlich auch: Allein beim Lesen der Speisekarte läuft einem das Wasser im Munde zusammen. Neben **französischen Leckereien** gibt es zahlreiche Kuchen, Torten und kleine Teilchen wie Zimtschnecken. Der Kanadische Käsekuchen sei der beliebteste, verrät Sylvia Urbaniak. Auch das Tisch- oder Etagerenfrühstück kommt bei den Gästen gut an. Dazu gibt's herrlich duftenden Biokaffee.
Langweilig wird es auf der Speisekarte nicht, denn immer wieder neue Kleinigkeiten zu kreieren, bereitet Sylvia die größte Freude. Für alle, die gerne Ausflüge machen, hat sich das Team etwas ganz Besonderes ausgedacht: Das Petit Picknick. „Unsere mit allerlei Köstlichkeiten gefüllten **Picknickkörbe** werden sehr gern an schöne Orte in der Umgebung wie den Schlosspark in Rheda, die Picknickwiese am Haus Nottbeck oder Schloss Möhler mitgenommen", verrät Sylvia. Klingt ganz nach einem Vergnügen der feinen französischen Art.

Für mich!
Kleine Pause mit Frankreich-Flair

Café petit et surprise, Neuer Wall 12, 33378 Rheda-Wiedenbrück, Tel. (01 51) 21 27 16 80, www.petit-rheda.com

4 Meine Atempause

IM GRÜNEN WANDELN

Im milden Licht der Morgensonne entfaltet der Landschaftspark eine besonders zauberhafte Atmosphäre. Ein Ort zum Innehalten, Staunen und Genießen.

Wer durch den Landschaftspark des Gräflichen Kurbades Bad Driburg wandelt, sollte sich ausreichend Zeit nehmen, denn das Gelände ist 64 Hektar groß. Bereits seit Jahrhunderten schätzen die Menschen diese grüne **Oase der Ruhe,** die im Jahr 1782 von Graf Caspar Heinrich von Sierstorpff angelegt wurde.
Zu den berühmtesten Gästen, die hier Auszeiten machten, zählen Annette von Droste-Hülshoff und Friedrich Hölderlin. Wie der Park wohl im 18. und 19. Jahrhundert während ihrer Kuraufenthalte ausgesehen haben mag? Alte Laternen, **historische Gebäude** und Denkmäler zeugen von dieser Zeit. Vieles wirkt auf wunderbare Weise, als sei die Zeit stehen geblieben. Und so sieht man sie mit etwas Fantasie wieder durch die weitläufige Grünanlage flanieren: die Schriftstellerin und den Dichter.
Die majestätischen **Baumriesen** hätten sicher allerhand spannende Geschichten zu erzählen. Manche von ihnen sind mehr als 250 Jahre alt. Ihr üppiger Bestand macht den ganz besonderen Charme des Parks aus. Stieleichen, Silberpappeln, Roterlen, Sommerlinden, Hainbuchen ... Stundenlang könnte man sie bestaunen. Unterm **Japanischen Schnurbaum** duftet es herrlich süßlich – das scheint auch den Bienen zu gefallen, denn in der Krone summt und brummt es fleißig.
Auch am **Wildgehege** mutet die Stimmung fast märchenhaft an, wenn das milde Licht der Morgensonne die Tautropfen auf den Gräsern zum Glitzern bringt und sich zwischen den Bäumen die Silhouetten der Hirsche mit ihren prächtigen Geweihen abzeichnen. Unter ihnen sind auch weiße Tiere: wie gemalt und fast zu schön, um wahr zu sein.
Zum krönenden Abschluss des Parkbesuchs geht's in die hübsche Wandelhalle mit Brunnen, das Herzstück der Anlage. Hier können die Bad Driburger **Heilquellen** in passendem Ambiente verkostet werden – ganz, wie es die berühmten Gäste damals taten.

Für mich!
Sich auf eine spannende Zeitreise begeben

Gräflicher Park Bad Driburg, Brunnenstraße 10, 33014 Bad Driburg

ALTSTADT MIT FLAIR

Liebevoll restaurierte Fachwerkhäuser, Türen mit kunstvoll geschnitzten Oberlichtern und rankende Rosen davor – dieses Städtchen lädt zum Staunen ein.

Rietberg ist vor allem wegen der NRW-Landesgartenschau bekannt, die 2008 stattfand. Das 40 Hektar große Nachfolgegelände zieht bis heute scharenweise Besucher an. Doch das ist längst nicht alles, was die einstige Grafschaft und Landeshauptstadt zu bieten hat: Besonders beschaulich geht's bei einem gemütlichen Bummel durch die historische Altstadt mit ihren **malerischen Fachwerkgassen** zu. Ein regelmäßiger Blick nach oben lohnt sich: Nicht umsonst trägt sie auch den Beinamen „Stadt der schönen Giebel". Keine Frage, Rietberg macht was her.

Auch das Rathaus ist ein Hingucker – es gilt als das sehenswerteste Westfalens. Vor allem die Außentreppe, die 1915 auf Vorschlag des Architekten Max Sonnen überdacht wurde und in einem Türmchen mit Welscher Haube endet, macht es so sehenswert. Ein weiterer Hingucker ist das Café Münte, das zu den **schönsten Dielenhäusern** in Rietberg zählt. Auch hier konnte Sonnen sein Talent unter Beweis stellen, indem er das Gebäude, das früher ein Knabenkonvikt war, aufwendig instand setzte.

Für mich!
Durch malerische Gassen schlendern

Wer es blumig mag, sollte den **Rietberger Blütenzauber** im April nicht verpassen. Zu diesem Anlass putzt sich das Städtchen ganz besonders heraus: Kübel, Bäume, Beete und natürlich zahlreiche Blumen werden an verschiedenen Punkten platziert, sodass in der kompletten Einkaufsmeile der Frühling einzieht. Blumenmotive auf den Gehwegen und in den Schaufenstern zeugen noch Monate später von diesem Highlight.
Verzückt von all den Eindrücken, genießt man die Sonne am Bolzenmarkt. Den Blick auf die hübsche St.-Johannes-Baptist-Kirche gerichtet, über deren Turm ein Storch kreist. Von oben muss die Szenerie besonders eindrucksvoll sein.
Hungrig vom Flanieren lässt es sich gut im 1643 einkehren, einem modernen Wirtshaus mit historischem Charme. Unter den urigen Balken sitzt man gemütlich, die Speisekarte bietet einige **regionale Produkte.**

Historischer Stadtkern Rietberg,
Müntestraße, 33397 Rietberg, www.rietberg.de

·FRIEDERICH·H·HELLEWEGH·V
·HABEN·DIES·HAUS·GEBAUE

BEI ASANAS LOSLASSEN

Ewig scheint die Asana anzudauern, während der Atem immer tiefer fließt. Mit Yin Yoga gelangt man in einen unvergleichlichen Zustand der Entspannung.

Bereits die Ankunft im Yogaraum wirkt entschleunigend. Das Interieur ist angenehm minimalistisch, nur das Wesentliche hat einen Platz. Es duftet nach **ätherischen Ölen,** vor der Wand fällt der Blick auf eine sitzende Buddhastatue, die in sich gekehrt lächelt.

„Es gibt hier nichts zu leisten" – mit diesen Worten begrüßt Yogalehrerin Bianca Reinisch die Anwesenden zu dieser 90-minütigen **Auszeit vom Alltag.** Sie selbst musste das erst lernen: „Mein Selbstwertgefühl war viele Jahre eng mit meiner Leistung verknüpft. Beinahe täglich habe ich mich verausgabt und ging im Beruf und Privaten – ohne es zu bemerken – über meine Grenzen hinaus."

Für mich!
Einen Ankerplatz in sich selbst finden

Ergänzend zu einer Psychotherapie schenkte ihr Yin Yoga die Kraft, sich auf körperlicher, mentaler und seelischer Ebene zu heilen und all das loszulassen, was ihr nicht mehr diente. „In meinem eigenen Tempo und Rhythmus – **achtsam, liebevoll** und mit positiver Selbstannahme." Begeistert von dieser wunderbaren Wirkung ließ sich Reinisch selbst zur Yin-Yoga-Lehrerin ausbilden.

Das Besondere an diesem Yogastil ist, dass er passiv ist und vorwiegend im Liegen oder Sitzen praktiziert wird. Außerdem kommen Bolster, Kissen, Decken und andere Hilfsmittel beim Yin Yoga zum Einsatz. Dadurch, dass die einzelnen Haltungen (Asanas) mindestens 3 Minuten lang gehalten werden, sollen sich Verspannungen und Blockaden auf körperlicher und geistiger Ebene lösen.

Auch wenn es anders aussieht: Das **lange Halten der Posen** kann sehr fordernd sein. Hilfreich ist es, so tief wie möglich in den Dehnungsschmerz hineinzuatmen, so fühlt er sich gleich viel angenehmer an. Gelingt es einem, diesen Zustand anzunehmen und alle Anspannung loszulassen, entwickelt jede einzelne Asana eine unglaublich **entspannende Wirkung.** Am Ende liegt man da in Shavasana. Schwer und schwebend zugleich. Tiefste Ruhe stellt sich ein. Ein Zustand, den man ewig genießen könnte.

Yin Yoga mit Bianca Reinisch, verschiedene Veranstaltungsorte, z. B. Friedrichstraße 5, 33615 Bielefeld, Tel. (01 76) 67 02 61 87, www.yoga-achtsamzeit.de

Die Macht der Meridiane

Fühl dich!

STRESS ABBAUEN MIT YIN YOGA

Hatha, Kundalini, Bikram – die Anzahl der Yogastile scheint mittlerweile unendlich zu sein. Kein Wunder, denn das ganzheitliche Übungssystem aus Indien ist Tausende Jahre alt und wurde im Laufe der Zeit stetig weiterentwickelt. Die **gesundheitsfördernde Wirkung** von Yoga wurde durch zahlreiche Studien belegt. Regelmäßig praktiziert kann es gegen Rückenschmerzen und Schlafstörungen helfen und sogar depressive Verstimmungen lindern. Während die meisten Yogastile dynamisch sind, liegt der Fokus im **Yin Yoga** auf dem Loslassen und dem Annehmen aller erlebten Empfindungen. Damit berührt diese sanfte Form des Yogas auf körperlicher, emotionaler und psychischer Ebene gleichermaßen.

Der Begriff „Yin Yoga" leitet sich von dem chinesischen Yin-und-Yang-Konzept ab, das vor allem im Daoismus eine Rolle spielt. Diese Philosophie beschreibt **Yin und Yang** als entgegengesetzte Kräfte oder Prinzipien.

Yin steht hier für die weibliche, ruhige, weiche und passive Energie, Yang

hingegen bildet den männlichen, harten, dynamischen und aktiven Gegenpart. In den späten 1970er-Jahren wandte der Martial-Arts-Champion und taoistische Yogalehrer Paulie Zink dieses Prinzip zum ersten Mal auf Yoga an. Er entwickelte Yin Yoga als Ausgleich zu den aktiven, dynamischen und körperlich anstrengenden Yogastilen. Später wurde Yin Yoga von dem US-amerikanischen Yogalehrer Paul Grilley und der Yogalehrerin Sarah Powers weiterentwickelt.
Das Besondere am Yin Yoga ist, dass spezielle Haltungen (Asanas) **mindestens 3 Minuten lang** passiv gehalten werden. Dadurch können sich Verspannungen und Verklebungen der Faszien besonders gut lösen. Auch die Energieleitbahnen im Körper – die in der chinesischen Medizin als Meridiane bezeichnet werden – werden so gezielt passiv und dehnend stimuliert. Sie verlaufen wie ein Netzwerk durch den gesamten Körper und verbinden die verschiedenen Bereiche.
Zu den wichtigsten Hauptbahnen zählen unter anderem der Leber-, Magen-, Herz-und Lungenmeridian. Damit der Körper gesund bleibt, ist es laut der traditionellen chinesischen Medizin wichtig, dass die Lebensenergie (Chi) frei durch alle Meridiane fließen kann. Ist dieser Fluss gestört, entstehen Ungleichgewichte und/oder körperliche Leiden. In der Akupunktur und Akupressur werden die Meridiane daher gezielt stimuliert, um bestehende Blockaden durch Stimulation zu lösen. Auch Yin Yoga funktioniert nach diesem Prinzip.

Tipp: Am Abend kann Yin Yoga wunderbar dabei helfen, Körper und Geist zu beruhigen. Du brauchst lediglich einen ruhigen Ort, ein paar Decken oder Kissen oder ein großes Yogabolster. Außerdem solltest du darauf achten, dass du warm genug angezogen bist.
Ein Beispiel ist die sogenannte Stellung des Kindes, die auf dem Foto zu sehen ist, eine Entspannung für Nacken und Schultern. Halte die Position 3 bis 5 Minuten lang. Wenn es für dich angenehmer ist, kannst du deine Beine so weit öffnen, dass du den Oberkörper zwischen den Beinen ablegen kannst.

AUF KUSCHELKURS

Störche klappern, Lämmer blöken, Kinder lachen. Im Frühling ist ein Ausflug zum Biohof besonders schön. Dann gibt es viele kleine neue Bewohner.

Bereits der Weg zu Bremehr's Hof-Markt ist ein Erlebnis: Auf den großen Weiden neben der Zufahrtsstraße wird man von lustig aussehenden **Alpakas** und wuschlig anmutenden **Longhorn-Rindern** begrüßt.
Es gibt allerhand zu sehen auf diesem Hof, der bereits seit vielen Generationen in Familienbesitz ist. Heute wird er von Ludger Bremehr und seiner Frau Elisabeth betrieben; seit mehr als 40 Jahren kümmern sie sich um die Schar der Tiere, die immer größer wird. Ludger ist Vogelliebhaber – das wird ziemlich schnell deutlich, wenn man sich genau umschaut.

Im Frühjahr ist der „kleine Zoo" besonders besuchenswert, denn dann steht Nachwuchs an. Die **Lämmchen** zählen zu den Highlights. Wenn sie ihre ersten Gehversuche auf wackligen Beinen starten, kann sich niemand ihrem Charme entziehen. Wer zufällig zur richtigen Zeit da ist, kann zuschauen, wie Elisabeth Bremehr die „Problemkinder" unter ihnen mit einem Fläschchen zufüttert, oder gar selbst einen der kleinen Schützlinge auf den Arm nehmen.

Für mich!
Weiches Fell und Wärme spüren

Es riecht nach Heu, Dung und Mist – und das ist gut so. Hier ist man **mittendrin im Landleben.** Das Lachen der Kinder ist ansteckend, sie quietschen vor Begeisterung, wenn es ihnen gelingt, den ein oder anderen tierischen Bewohner des Biohofes zu streicheln. Gelegenheiten gibt es genug. Da sind zum Beispiel die Alpakas, die mit speziellem Futter aus dem Automaten gefüttert werden dürfen, und auch einige der chilenischen Foxterrier kuscheln gerne. Weiter geht's auf dem Gelände. Gerade kommen sich **Herr und Frau Adebar** näher. Vor dem traumhaft weiß-rosafarben blühenden Magnolienbaum macht sich ihr Nest besonders schön.
Im Anschluss an die Runde über den Hof bietet sich ein **Besuch im Biohofladen** an, in dem neben den eigenen Produkten auch Käse, Gemüse und vieles mehr aus biologischem Anbau verkauft wird. Besonders die Kartoffeln sollte man sich nicht entgehen lassen, sie schmecken einfach köstlich.

Bremehr's Hof-Markt, Schmiedestrang 33, 33415 Verl, www.bremehrs.de

8 *Meine Atempause*

NOSTALGISCHE CAFÉTOUR

Bei Kaffee und köstlichem Kuchen lässt sich so ein Landidyll noch viel besser genießen. An diesem Ort gibt's pures Seelenglück im Doppelpack.

Für Fans von Selbstgebackenem ist das landschaftlich schöne Niederdornberg bei Bielefeld ein Paradies. Denn hier liegen gleich zwei Cafés, die absolut besuchenswert sind. Das **Café im Circuswagen** ist eines davon. Es befindet sich in einem Holzschindelwagen, der 1987 für eine Schaustellerfamilie aus der ehemaligen DDR gebaut wurde. Wer es betritt, erlebt Nostalgie-Feeling pur. Auch der Duft nach frisch gebrühtem Kaffee und Waffeln trägt dazu bei.

Auf der Terrasse vor dem Café gibt es ebenfalls Sitzplätze, hier spendet ein großer Walnussbaum Schatten an warmen Sommertagen. Vor allem bei Radfahrern, die Rast suchen, ist das Café beliebt. Aber auch viele junge Familien verbinden ihren Einkauf auf dem anliegenden Biolandhof Köckerhof mit einem Besuch.

Für mich!
Selbstgebackenes auf dem Land genießen

Nur wenige Hundert Meter entfernt liegt ein weiteres Highlight: das **Hofcafé zur Müdehorst.** Das denkmalgeschützte Bauernhaus aus dem Jahr 1791 zählt zu den ältesten Höfen Bielefelds. Hier fühlt man sich, als sei die Zeit stehen geblieben. Umgeben von Acker-, Grünland- und Forstflächen – einer seit Jahrhunderten fast gleich gebliebenen Kulturlandschaft. Von der lauschigen Terrasse schaut man ins schöne Schwarzbachtal – ein bewirtschaftetes Wiesental, das unter Naturschutz steht. Lämmer blöken, Gänse schnattern. Wunderschön anzusehen sind auch das alte Mühlengebäude mit dem dazugehörenden Mühlengraben und die Streuobstwiese – ein **beschauliches Landidyll.**

Wer nach köstlichem Kaffee und Kuchen noch nach einer **Extraportion Glück** sucht, kann dem kleinen Weg folgen, der unterhalb des Hofcafés und am Johannisbach entlangführt. Ein paar Hundert Meter weiter lohnt es sich, linker Hand den Trampelweg zu wählen, denn hier, mit Blick auf Wasser und Weiden, befindet sich eine Schaukel. Welch herrliches Gefühl ist es, sich dort niederzulassen und die Beine zu schwingen. Ein Gefühl wie aus Kindheitstagen.

Café im Circuswagen, Babenhauser Straße 30, 33739 Bielefeld
Hofcafé zur Müdehorst, Schröttinghauser Straße 75, 33739 Bielefeld

FREIHEIT FÜR DIE FÜSSE

Schritt für Schritt tastet man sich voran, erspürt voller Neugier die Naturmaterialien unter den nackten Sohlen.

Unsere Füße sehnen sich nach Freiheit. Nach dem Gefühl, am frühen Morgen ins taunasse, weiche Gras zu treten, nach warmem Sand unter den Sohlen und kühlendem Erdboden. Wann hat man das zuletzt gespürt? Viel zu lang ist es her. Dabei ist Barfußlaufen nicht nur eine **Wohltat für die Sinne,** es bringt auch zahlreiche weitere gesundheitliche Vorteile mit sich: Das Gehen ohne Schuhe wirkt wie eine kleine Fußreflexzonenmassage, verbessert die Körperhaltung und stärkt die Fußmuskulatur. Hinzu kommt, dass der Körper seine Temperatur besser regulieren kann, wenn wir „unten ohne" unterwegs sind.

Für mich!
Anregende Fußmassage im Kurpark

Zeit, dem Fundament unseres Körpers mehr Aufmerksamkeit zu schenken. Schließlich trägt es uns im Laufe unseres Lebens rund 130.000 Kilometer weit – und damit knapp dreimal um die Erde. Besonders gut gelingt dies auf dem **Barfuß- und Sinneslehrpfad** im Kurpark Bad Holzhausen. Er liegt inmitten einer wunderschönen Blühwiese und lädt mit zehn Sinnesfeldern und vier Balancierstationen zum Entdecken ein. Zwischen den einzelnen Stationen dürfen sich die Füße auf dem weichen Wiesenboden erholen.

Auf den Balancierpfaden ist Konzentration gefragt. Schnell werden **Erinnerungen an die eigene Kindheit** wach, als kaum ein Baumstamm zu schmal war, um in ihm eine abenteuerliche Möglichkeit der Bachüberquerung zu sehen. An der Station „Blindgänger" wird's besonders spannend: Hier gilt es, mit geschlossenen Augen zu gehen. Ein Geländer gibt Halt und Sicherheit. Es ist beeindruckend, wie intensiv die unterschiedlichen Naturmaterialien zu spüren sind. Baumscheiben, Rindenmulch und Tannenzapfen ... Was wohl als Nächstes folgt? Langsam tastet man sich voran, bewegt Zeh für Zeh und hält immer wieder inne. Mit geschlossenen Augen barfuß zu gehen – das ist Achtsamkeit pur.

Erfrischende Kühle bringt die Station am Bach Große Aue. Das Sonnenlicht spielt auf dem Wasser und man selbst ist mittendrin mit allen Sinnen.

Kurpark Bad Holzhausen, Hudenbeck 2, 32361 Preußisch Oldendorf, www.tourismus.preussischoldendorf.de

ASIATISCHE AUSZEIT

Angenehm warm prasselt das Wasser in den Nacken, massiert die verspannten Passagen. Kerzen flackern, es duftet nach Kräutern. Willkommen im Day Spa!

Ein **Hauch von Thailand** weht durch das Lanai Green Nature Spa in Minden. Gründerin Kittima Ebeling und ihr Mann Rolf haben mit viel Liebe zum Detail eine Atmosphäre geschaffen, die ihren Gästen eine Auszeit zum Wegträumen ermöglicht. Ein Angebot, das nicht nur an grauen Wintertagen gerne genutzt wird.

Doch welches Wohlfühlprogramm soll es sein? Die Entscheidung fällt wahrlich schwer. Kräuterstempel-, Hot Stone-, Öl-, Thai-, Gesichts- oder Fußmassage ... Egal, welche Variante es wird, man ist auf jeden Fall in den besten Händen. Denn was die Qualität der Behandlungen betrifft, setzt Kittima Ebeling in ihrem Spa auf höchste Maßstäbe: Alle Masseurinnen besitzen geprüfte Massagezertifikate und haben eine fundierte Ausbildung durchlaufen. Ein Qualitätsstandard, für den das Spa bereits mehrere Auszeichnungen erhalten hat. Denn eine gute **Thai-Massage** ist eine wahre Kunst. Es ist die Kombination aus Druckmassagen und Dehnübungen, die es uns erlaubt loszulassen, zu entspannen und neue Vitalität zu tanken. Auch der Energiefluss soll durch die gezielte Berührung wieder angeregt werden.

Für mich!
Sich eine Massage gönnen

Wer sich eine Luxus-Ich-Zeit gönnen möchte, bucht eines der „Seaside-Programme“: Dabei ist die private Nutzung des **Whirlpools** nach der Massage inklusive. Wohlig warm liegt man da im massierenden Sprudelbad, lauscht dem Plätschern des integrierten Miniaturwasserfalls und ist glücklich. Immer wieder lässt man den Blick durch die großen Glastüren in die Ferne schweifen, ins Grün des Gartens, wo **Buddhastatuen** friedlich in sich gekehrt sitzen. Mit etwas Glück kann man von hier sogar manchmal Rehe beobachten, Kohlmeisen und andere Vögel allemal. Es ist auch die Lage in der Natur, die diesen Ort so besonders macht.

Tiefenentspannt und erholt setzt man sich dann in seinen Bademantel eingekuschelt zum Nachruhen in den Wintergarten. Eine Kanne Tee steht bereit. Der perfekte Abschluss!

Lanai Green Nature Spa, Bierpohlweg 159, 32425 Minden,
Tel. (05 71) 4 34 35, www.lanai-spa.de

11 *Meine Atempause*

LAUES LÜFTCHEN

Hoch oben auf dem Windberg thront die Bavenhausener Windmühle. Hier lässt sich die angenehme Brise und das Gefühl von Freiheit genießen.

Sie ist von vielen Punkten des Kalletals aus zu sehen – das macht die Bavenhausener Windmühle zu einem Wahrzeichen der Region. Auch als Fotomotiv erfreut sie sich größter Beliebtheit, ob zum Sonnenaufgang oder unterm funkelnden Sternenhimmel – die Mühle bietet einfach eine **traumhafte Kulisse.** Manch einem Fotografen ist es gar gelungen, sie unterm Bogen der Milchstraße einzufangen.

Am besten erreicht man die Mühle zu Fuß, zum Beispiel auf dem 5 Kilometer langen **idyllischen Rundwanderweg** „Waldfreunde“, der auf urigen Naturpfaden durch das Naturschutzgebiet Teimer, über das Dorf Bavenhausen und auch zur Mühle führt.

Für mich!
Ausruhen, sich an Wind und Weite erfreuen

Auf dem letzten Kilometer geht der ausgezeichnete Weg an einem Hof vorbei. Ein **wunderschönes Wildblumenfeld** mit Malven, Sonnen- und Kornblumen lässt das Sommerherz höherschlagen. Unter zwei Birken wartet eine Bank darauf, dass man sich niederlässt, um den Moment zu genießen. Weiter geht es über einen schmalen Grünpfad, der Einblicke in naturnah gepflegte Gärten ermöglicht. Schmetterlinge begleiten einen eine Weile tanzend, bevor es linker Hand den Mühlenweg hinaufgeht. Und dann kann man sie bereits sehen: die Windmühle, die oben auf dem Windberg thront. Sie stammt aus dem Jahr 1853 und ist mittlerweile als Baudenkmal geschützt.

Ein Picknickplatz mit Bänken und einem Tisch und eine Wellenliege laden zum **Verweilen** ein. Von hier lässt sich der malerische Ausblick auf Bavenhausen und das umliegende Lipperland bequem genießen. Es weht ein angenehmes Lüftchen, über das man sich an heißen Sommertagen besonders freut. „Halte deine Nase in den Wind: Riecht es nach Frühling oder gar nach Schnee?“ steht auf der Tafel zur Erlebnisstation des Waldfreundeweges. Es duftet nach **Sommer,** nach frisch gemähtem Getreide und Heu. Am Himmel kreist ein Rotmilanpärchen. Pferde grasen friedlich am Hang. Bei diesem weiten Blick bekommt man vor Glück eine Gänsehaut.

Windmühle Bavenhausen, Mühlenweg 3, 32689 Kalletal
„Waldfreundeweg“, Start: Dorfplatz, Bavenhauser Straße, Bavenhausen, Kalletal

IN KLANGWELTEN ABTAUCHEN

Sanft ertönt der Klang der tibetischen Schalen, die Schwingungen sind im ganzen Körper zu spüren. Ein tiefer Zustand der inneren Ruhe entsteht.

Wohlig warm ist's im Studio von Silvia Malinowski, auf einem Tisch steht ein Tässchen mit würzig duftendem Tee bereit. **Ankommen und wohlfühlen –** das wird hier großgeschrieben. Wie sie auf die Idee kam, Klangmassagen anzubieten? „Vorher habe ich 30 Jahre lang bei einer Krankenkasse gearbeitet", erzählt sie, „aber in dieser Zeit war ich viel krank und spürte, dass ich lieber etwas machen möchte, das Menschen hilft." Bei einer Entspannungslehrerausbildung lernte sie eine Klangmassagetherapeutin kennen und war sofort von dieser Behandlungsform begeistert. „Es ist faszinierend, wie viele Menschen man damit abholt, auch die, die man mit Worten nicht erreichen kann", sagt sie. Zahlreiche Weiterbildungen später gründete sie ihr Studio entspannung in herford, in dem sie unter anderem **Klangmassagen** nach Peter Hess anbietet.

Für mich!
Hören, fühlen, loslassen

„Klangmassage ist einfach wunderbar, da sie trotz ihrer Sanftheit bis in die tiefsten Strukturen des Körpers gelangt und dort Spannungen und vorhandene Blockaden auflösen kann", erzählt Malinowski. „Durch das harmonische Zusammenspiel von Klang und Schwingung dürfen unser Körper und Geist in einen **tiefenentspannten Zustand** sinken. In diesem können dann die Regenerationskräfte des Körpers aktiviert werden."

Klingt gut, Zeit, es selbst einmal zu erleben. In bequemer Kleidung und leicht zugedeckt liegt man auf der Massageliege. Je nachdem, welche Bereiche gezielt angesprochen werden sollen, platziert die Therapeutin die entsprechenden Klangschalen auf dem Körper und bringt diese mit einem Schlegel zum Klingen. Mal strömen die Schallwellen nur durch bestimmte Regionen, mal durch den ganzen Körper. Der Atem wird merklich ruhiger, immer tiefer taucht man ab in dieses **Meer aus klingender Schwingung.** Das Gedankenkarussell dreht sich nur noch in Zeitlupe, bis es schließlich ganz zum Stillstand kommt. Was bleibt, ist der Klang.

entspannung in herford, Silvia Malinowski, Ferdinand-von-Schill-Straße 10, 32052 Herford, Tel. (0 52 21) 92 43 31, www.entspannunginherford.de

13 *Meine Atempause*

FLANIEREN AM FLOHMARKT

Mit Blumen verzierte Cafés, weiße Sonnenschirme und enge Gassen – diese historische Altstadt versprüht einen Hauch mediterranes Flair.

Welch ein Genuss es ist, an einem Samstag durch die Gassen der Altstadt Detmolds zu schlendern! Mehr als 700 Baudenkmäler zieren die **ehemalige Residenzstadt,** die weitestgehend von der Zerstörung durch beide Weltkriege verschont blieb. Und so weiß man manchmal gar nicht, wo man zuerst hinschauen soll. Liebevoll restaurierte Fachwerkhäuser treffen auf **traumhafte Gründerzeitvillen,** in hübschen Gassen wie diesen macht ein Schaufensterbummel doch gleich noch mehr Spaß.
Liebhaber der Literatur sollten sich die Buchhandlung Kafka und Co. nicht entgehen lassen, die nicht umsonst bereits mehrfach mit dem Deutschen Buchhandelspreis ausgezeichnet wurde. Sie befindet sich in einem renovierten Denkmal in der Krummen Straße 8 und bietet ein großes Sortiment. Auch eine tolle Papeterie und ein Teeladen liegen in unmittelbarer Nähe. Und dann sind da noch all die Restaurants, die zur Rast unter weißen Sonnenschirmen einladen. Gar nicht so einfach, sich für eines zu entscheiden. Hinzu kommen die vielen **mit Blumen verzierten Cafés,** die sich in der Altstadt tummeln. Das Café Cup in der Exterstraße ist besonders hübsch hergerichtet. Hier sitzend kann man wunderbar die anderen Menschen beim Flanieren beobachten und dabei einen **köstlichen Cappuccino** genießen.

Für mich!
Entspannt durch ein schönes Städtchen bummeln

Besonders lohnenswert ist der Besuch Detmolds, wenn **Flohmarkt** ist. Er findet von April bis November an jedem ersten Samstag des Monats statt und zählt nicht umsonst zu den schönsten Flohmärkten Deutschlands. Kilometerlang zieht er sich von der historischen Altstadt bis zur Musikhochschule der Künste, wo er unter einer Lindenallee, am Ufer des Friedrichstaler Kanals entlangführt. Durch diese geografische Besonderheit entsteht kein unangenehmes Gedränge, stattdessen lässt es sich wunderbar umherstreifen und stöbern. „Schatzsucher" können mit etwas Glück auch **wundervolle Antiquitäten** ergattern, früh genug da sein lohnt sich also.

Altstadt von Detmold, www.detmold.de

Marc O'Polo
Strate's Brauhaus

DER ENTSPANNUNG ENTGEGEN

Entspannung verspricht diese Wanderrunde. Und Schritt für Schritt spürt man, wie der Atem tiefer wird und der Gedankenstrom zur Ruhe kommt.

Dass beim Wandern in der Natur verstärkt **stimmungsaufhellende Hormone** ausgeschüttet werden, konnten mittlerweile zahlreiche Studien belegen. Der Wanderweg „Entspannung“ in Limberg wurde speziell zur Bewältigung und Vorbeugung von Stress und Erschöpfung entwickelt. Auf etwa 6 Kilometern finden Wandernde immer wieder Tafeln mit Anleitungen zu Atem-, Sinnes- und Entspannungsübungen. Hinzu kommt der **landschaftliche Reiz der Route,** denn sie führt durch das Naturschutzgebiet Limberg und Offelter Berg, dessen Buchen- und Mischwälder bis zu 200 Jahre alt sind.

Für mich! Wandern für die Seele

Bereits der Startpunkt des Wanderweges ist ein Träumchen. Denn hier erwarten einen das weiße Haus des Gastes mit seinen dunkelgrünen Fensterläden, die Gutswassermühle und der 5 Hektar große **blumenbestückte Kurpark.** Einst war das Haus des Gastes ein adliges Rittergut, heute dient es den Kur- und Erholungsgästen von Bad Holzhausen als beliebtes Ausflugsziel. Neben dem Touristikbüro findet man hier unter anderem auch einen „Stillen Leseraum“.

Vor Ort kann man sich an verschiedenen Schautafeln über die Historie des Ritterguts sowie Flora und Fauna des Kurparks informieren. Zahlreiche Bänke laden zum Verweilen ein. Unterlegt wird der malerische Eindruck vom **entschleunigenden Rauschen** der Wasserfontäne.

Der gut gekennzeichnete Wanderweg führt hinein in den Wald. Dort liegt ein märchenhaft anmutender kleiner Friedhof – ein Familiengrab der Adelsfamilie von Oheimb. Der Schutz der Bäume strahlt eine besondere Ruhe aus. Auf **schmalen Waldpfaden** geht es weiter des Weges. Ziemlich still ist es hier, nur das Rauschen der Blätter und der Ruf eines Greifvogels sind zu hören. Schritt für Schritt spürt man den Entspannungseffekt immer deutlicher. Der Atem geht tief, der Fokus liegt auf dem Hier und Jetzt. Das schafft Raum, um bewusst all die weiteren großen und kleinen Schönheiten wahrzunehmen, die am Wegesrand liegen.

Wanderweg „Entspannung“, Start: Haus des Gastes, Hudenbeck 2, 32361 Preußisch Oldendorf, www.teutoburgerwald.de/natur

V
VitalWanderWelt
V
VitalWanderWelt

Der Weg ist das Ziel

Schuhe schnüren und los geht's!

IM WANDERGLÜCK

Wandern wird immer beliebter. Kein Wunder, schließlich bietet es den idealen Rahmen für eine bewusste Auszeit in der Natur – fernab von Hektik, Straßenlärm und all den negativen Nachrichten, die uns übers Smartphone erreichen.

Warum tut wandern so gut?
Laut Umweltpsychologinnen und -psychologen bildet die direkte Interaktion mit der Natur einen angenehmen Kontrast zur Reizüberflutung, der wir in unserem digitalisierten Alltag ausgesetzt sind. **Schritt für Schritt** spüren wir uns selbst wieder intensiver. Ein Gefühl, das uns sonst leider oft abhandenkommt. Aktuelle Studien belegen, dass regelmäßiges Wandern unser Stresserleben reduziert und positive Gefühle wie Zufriedenheit, Dankbarkeit, Demut und Lebenssinn fördert.

Dazu, dass Wandern einen signifikanten Effekt auf unsere physiologische **Stresserholung** hat, trägt vor allem der Naturkontakt bei. Pulsfrequenz und Blutdruck sinken, dies hilft unter anderem, Herz-Kreislauf-Erkrankungen und Bluthochdruck vorzubeugen.
Darüber hinaus hat Wandern positive Effekte auf den gesamten Bewegungsapparat: Die Haltemuskulatur des Körpers wird trainiert, Gelenke, Sehnen und Bänder von Beinen und Füßen stabilisiert. Und so gewinnt das Thema Wandertherapie auch in der Medizin zunehmend an Aufmerksamkeit.

Faszination Fernwandern
Wer mehr möchte, kann es mal mit Fernwandern probieren: Eine wunderbare Art, sich eine längere Auszeit zu nehmen. Dank vieler Bücher und Filme über mutige Menschen, die dieses Abenteuer wagen, träumen immer mehr Menschen davon, bei einer Weitwanderung oder einer Pilgerreise den Alltag hinter sich zu lassen. Alles, was man braucht, in einen Rucksack zu packen und einfach loszugehen, so weit die Füße tragen – das hat etwas sehr **Befreiendes.**
Es ist nicht immer leicht, weit zu wandern. Irgendwann beginnen die Füße zu schmerzen, das Gepäck wiegt schwer ... Doch all das ist es wert. Denn das, was man unterwegs gewinnt, ist einfach unbezahlbar: Da sind diese Momente, in denen man sich **mit der Natur so verbunden** fühlt wie selten zuvor, da ist die grandiose Gastfreundschaft der Menschen, die man trifft, und die Chance, seine eigene Selbstwirksamkeit zu spüren. Hat man sein Ziel dann einige Tage, Wochen oder Monate später erreicht, ist das Gefühl einfach unbeschreiblich. Eine Mischung aus Glück, Stolz und Erleichterung. Aber auch Wehmut, weil das unvergessliche Abenteuer nun zu Ende ist. Da hilft nur eins: möglichst bald wieder loszugehen.

Zwei Tipps für deine Wanderauszeit in OWL
Die Hermannshöhen (226 Kilometer)
Auf den Hermannshöhen liegen zahlreiche Highlights der Region wie die Externsteine, der Lippische Velmerstot, das märchenhafte Silberbachtal und das Hermannsdenkmal.

Der Weserbergland-Weg (225 Kilometer)
Dieser Fernwanderweg führt von Münden nach Porta Westfalica und wartet mit Hochmooren, Hutewäldern und historischen Fachwerkhäusern.

Weitere Infos: www.teutoburgerwald.de

KULINARISCHER AUSBLICK

Es ist ein atemberaubendes Gefühl, hier zu sitzen: so nah am Himmel und über den Dächern der Stadt. Und dazu all die Köstlichkeiten aus dem Picknickkorb.

Hoch oben auf dem Kamm des Teutoburger Waldes thront die Sparrenburg – das Wahrzeichen Bielefelds. Die mächtige Festungsanlage ist ein beliebtes Ausflugsziel, denn sie bietet einen herrlichen Ausblick auf das **grüne Blättermeer** und die Dächer der Stadt. Bei gutem Wetter kann man sogar bis zum Wiehengebirge schauen.
Wer sich eine ganz besondere Auszeit gönnen möchte, bucht ein exklusives „Picknick mit Ausblick" auf dem 31,5 Meter hohen Turm der Sparrenburg. So wird die sonst zu den Öffnungszeiten für die Öffentlichkeit zugängliche Plattform für 1 Stunde zum **privaten Refugium.**
Am Besucherinformationszentrum angekommen, erhält man einen gut gefüllten Picknickkorb. Dann geht's die 121 Stufen des Turms hinauf. An heißen Sommertagen ist es hier drinnen angenehm kühl, es riecht nach alten Gemäuern und der jahrhundertealten Geschichte, auf die sie zurückblicken. Zuletzt kommt eine kleine Wendeltreppe, dann steht man ganz oben auf der Spitze und ist überwältigt vom **360-Grad-Panorama,** das sich einem bietet.

Für mich!
Logenplatz unterm Himmel genießen

Es warten ein Tisch mit zwei Stühlen und ein handgeschriebener Willkommensgruß. Alles steht bereit für das Picknick zu zweit. Jetzt heißt es anstoßen auf dieses unvergessliche Erlebnis, das durch die **Gaumenfreuden** noch abgerundet wird. Das ostwestfälische Picknickpaket enthält Snacks und Getränke, auf Wunsch auch vegetarische und vegane Varianten. Zur kalten Jahreszeit und bei schlechter Witterung wird das Picknick im Inneren des Turms aufgebaut. **Urgemütlich** ist es hier. „Einmal gab es im Februar richtig viel Schnee", erinnert sich Burgwärtin Ditta Sokolowsky, „da traf das Picknick genau die Zeit des Sonnenuntergangs – es war einfach ein fantastisches Farbspiel."
Falls das beliebte Event ausgebucht ist, laden Bänke im Innenhof oder die Wiese der Sparrenburg zum privaten Picknick mit Ausblick ein. Auch hier gilt: Zum **Sonnenuntergang** ist's am schönsten.

Sparrenburg, Am Sparrenberg 40,
33602 Bielefeld, www.bielefeld.jetzt/picknick

16 *Meine Atempause*

EIN SOMMERNACHTSTRÄUMCHEN

Unterm Sternenhimmel in eine Decke eingekuschelt sitzen und seinen Lieblingsfilm genießen – welch Glücksmomente die Open-Air-Saison mit sich bringt.

Eingebettet in die historischen Gemäuer der Ravensberger Spinnerei liegt das Luna Kino. Fast 30 Jahre ist es her, dass der leidenschaftliche Cineast Jürgen Hillmer auf die Idee kam, eine Sommerfreiluftspielstätte in seiner Heimatstadt Bielefeld zu etablieren. Mit Erfolg: Während der Saison strömen täglich Hunderte Menschen herbei, um sich das abwechslungsreiche Programm anzusehen. Von Blockbustern bis hin zu **Arthouse-Filmen** – das Angebot im Luna Open-Air-Kino ist groß. Regelmäßig werden auch leichte französische Komödien wie „Birnenkuchen mit Lavendel“ oder „Die fabelhafte Welt der Amélie“ gezeigt – Filme, die einfach glücklich machen. Sie passen wunderbar zu der romantischen Atmosphäre einer **lauen Sommernacht.**

Für mich!

Im Open-Air-Kino Zeit und Raum vergessen

Soll es ein Bio-Weißburgunder oder ein Bio-Merlot zum Film sein? Und vielleicht noch ein paar salzige Erdnüsse dazu? Mehr Entscheidungen müssen heute nicht mehr gefällt werden. Sitzkissen und eine Decke hat man sicherheitshalber dabei, um es sich auf seinem Platz so richtig **gemütlich** zu machen.

Und dann taucht man ein in die Kulisse, schaut auf die golden angestrahlten Gemäuer der Ravensberger Spinnerei und lauscht dem leisen Murmeln um sich herum. Die Stimmung ist friedlich, Menschen lächeln einander zu. Alle sind in vorfreudiger Erwartung auf das, was gleich kommt. Erst wenn die Dunkelheit einbricht, kann die Vorstellung beginnen. Und so bleibt noch etwas Zeit zu plaudern und auf den schönen Abend anzustoßen. Dann geht es los, das leise Murmeln verstummt, alle schauen gebannt zur Leinwand. Die Aufregung steigt, denn gleich beginnt der Film. Vielleicht sieht man ihn heute nicht zum ersten Mal, doch in dieser **charmanten Kulisse** erhält er ein ganz besonderes Flair.

Als man das Freiluftkino verlässt, ist es kurz vor Mitternacht. Zeit, die Heimreise anzutreten, das **Licht des Mondes** weist den Weg. Nach einem Abend wie diesem geht man einfach glücklich zu Bett.

Open-Air-Kino Luna im Ravensberger Park, 33607 Bielefeld, www.lunakino.de

Carolinen
Carolinen

FRIEDVOLLER ORT

Umgeben von Baumriesen schenkt die kleine Kapelle allen Stressgeplagten einen Platz zum Innehalten. Hier oben findet man sie – tiefe Zufriedenheit.

Es gibt viele Gründe, die historische Hansestadt Brakel zu besuchen. Der große Kurpark am Kaiserbrunnen mit seinen anliegenden Wanderwegen ist einer davon. An heißen Sommertagen klingt das Plätschern der nahe gelegenen Teichfontäne wie Musik in den Ohren. Die staatlich anerkannte **Heilquelle Kaiserbrunnen** wurde bereits kurz vor 1800 von den Franzosen entdeckt. Sie ist von Natur aus kohlensäurehaltig, Calcium, Magnesium und Hydrogencarbonat zählen zu den festen Hauptbestandteilen.
Am denkmalgeschützten Café Quellenpavillon lässt sich das **Heilwasser** verköstigen. Zu den Öffnungszeiten gibt es einen offiziellen Brunnenausschank und Informationen zu den zahlreichen gesundheitsfördernden Anwendungsgebieten. Wer außerhalb der Öffnungszeiten kommt, findet hinterm Café eine Außenzapfanlage zum Selbstabfüllen. Als durstiger Wanderer ist man dafür besonders dankbar. Das Wasser ist angenehm kühl, der hohe Mineralstoffgehalt deutlich zu schmecken. Folgt man dann dem Weg weiter, liegt linker Hand ein Wassertretbecken, das zum Kneippen einlädt. Ein von riesigen Eichen gesäumter Wanderweg führt Richtung Schneekapelle hinauf. Kurze Zeit später erreicht man den Ehrenfriedhof, hier ruhen Kriegsgefallene. Ein angemessen **friedlicher Ort.** Nach weiteren Höhenmetern ist man oben auf dem 240 Meter hohen Holster Berg angekommen. Und dann steht sie plötzlich da: die **Schneekapelle.** Ein entzückendes kleines Kunstwerk, das 1844 von Dietrich Graf von Asseburg erbaut wurde.

Für mich!
Schritt für Schritt zur Ruhe kommen

Eine Bank unterm Blätterdach der mächtigen Kastanienbäume eignet sich perfekt, um die Schneekapelle andächtig zu betrachten. Ihre Aura lässt – ganz tief im Inneren – ein Gefühl von Demut und Dankbarkeit aufkommen. In der Ferne krächzt eine Krähe, Grillen zirpen, der Wind streift sanft durch die Blätter der Bäume. Ewig möchte man an diesem **lauschigen Platz** verweilen. In diesem Moment ist man einfach nur da, um zu sein.

Kurpark mit Kaiserbrunnen und Schneekapelle,
Am Kaiserbrunnen, 33034 Brakel, www.brakel.de

18 *Meine Atempause*

FEIERABEND AM FLUSS

Seit der Freilegung des kleinen Flüsschens Lutter hat die Ravensberger Straße in Bielefeld an Charme gewonnen und ist ein Ort fürs Feierabendglück.

Mehr als 120 Jahre lang führte das kleine Flüsschen im Herzen der Bielefelder Altstadt ein Schattendasein. Dabei ist die Lutter Bielefelds wichtigstes Fließgewässer. Damals waren es vor allem hygienische Gründe, die dazu führten, dass sie verrohrt und unter die Erde verbannt wurde. Und so geriet die Lutter beinahe in Vergessenheit. Aber zum Glück nur beinahe: Dass sie heute an vielen Stellen wieder **frei fließen** darf, ist unter anderem den engagierten Mitgliedern des Vereins Pro Lutter zu verdanken.

Durch die Freilegung der Lutter im Sommer 2022 wurde das Viertel, in dem die Ravensberger Straße liegt, zu einem der schönsten Orte der Stadt. Dort fließt sie nun frei und erfreut die Städter mit ihrer erfrischenden Kühle und dem munteren Plätschern. Ein steinernes Ufer und zahlreiche kleine Brücken laden zum Hinsetzen ein. Das macht die Ravensberger Straße zu einem idealen Ziel für einen **chilligen Feierabend.**

Für mich!

Den Tag entspannt ausklingen lassen

Die Atmosphäre ist einfach angenehm. Vorne am Spielplatz planschen Kinder freudig im Wasser, ihre Eltern wirken entspannt. Weiter des Weges spielen Freunde Backgammon, ein Pärchen hat sich Picknick mitgebracht. Je weiter man am Ufer entlanggeht, desto ruhiger wird es. Linker Hand liest ein junger Mann ein Buch. Nur wenige Meter weiter ein anderer. Zwei Freundinnen genießen am Ufer liegend die **letzten Sonnenstrahlen.**

Vor den farbenfrohen historischen Häuschen mit den mit Blumen und Laternen **verzierten Vorgärten** kommt die Lutter besonders malerisch zur Geltung. Der perfekte Sitzplatz für die eigene abendliche Auszeit ist gefunden. Und so setzt man sich nieder auf die warmen Steine und lässt die Beine baumeln. Das Wasser ist herrlich erfrischend und kühl. Ein kleiner Gang über das Kiesbett wirkt wie eine **Fußreflexzonenmassage.** Und so bleibt man einfach sitzen, bis die Sonne hinter den Häusern versinkt.

Ravensberger Straße, 33607 Bielefeld

19 *Meine Atempause*

PARADIES AUF ERDEN

Durch eine zauberhafte ehemalige Klosteranlage wandeln, während betörende Düfte von Kräutern und Blumen die Nase umschmeicheln.

Die Dalheimer Klostergärten sind wie geschaffen für einen kleinen Kurzurlaub. Denn hinter den mächtigen Klostermauern verbirgt sich ein Paradies. Kaum hat man den Eingang zum ehemaligen Augustiner-Chorherrenstift Dalheim in der Gemeinde Lichtenau passiert, eröffnet sich eine andere Welt. Vor einem liegt eine weite, **traumhaft schöne Anlage,** ihr Anblick ist atemberaubend.

Etwa ein Viertel der 7,5 Hektar großen Klosteranlage nehmen die Dalheimer Klostergärten ein. Sie vermitteln einen lebendigen Eindruck davon, wie die Gärten des Klosters früher ausgesehen haben müssen. „Himmelsgarten“, **„Paradiesgarten“,** „Spiegelteich“ – allein die Namen der zahlreichen Sehenswürdigkeiten auf dem Gelände klingen verheißungsvoll und märchenhaft.

Für mich!
Durchatmen im herrlichen Klostergarten

Schmetterlinge tanzen durch die Luft. Es duftet nach **Lavendel und Fenchel.** Ein Springbrunnen plätschert. Bin ich hier noch in Westfalen oder schon im französischen Burgund? Das könnte man sich fragen, wenn man die spätmittelalterlichen Steinmauern betrachtet oder durch den barocken Klostergarten wandelt. Assoziationen wie diese kommen nicht von ungefähr – so dienten damals die prächtigen Parks und Gärten nach französischer Mode als Vorbild für die Dalheimer Anlagen.

Schautafeln im Kräutergarten erzählen von der Bedeutung, die die jeweiligen Heilpflanzen im Mittelalter für das Kloster hatten. Sie kamen als Arzneimittel zum Einsatz. Es ist ein Ort, der nicht nur zum Erkunden und Entdecken einlädt, sondern auch, um **Ruhe und Inspiration** zu finden. Und das aus Tradition: Denn die mittelalterlichen Klostergärten verstanden sich bereits damals als Ort der inneren Einkehr und Meditation.

Beflügelt von all den **sinnlichen Eindrücken,** lässt man sich später unter einem der weißen Sonnenschirme des Klosterwirtshaus nieder. Die regionalen Speisen und das hausgebraute Dalheimer Klosterbräu schmecken hervorragend.

Stiftung Kloster Dalheim, LWL-Landesmuseum für Klosterkultur,
Am Kloster 9, 33165 Lichtenau, Tel. (0 52 92) 9 31 90

20 *Meine Atempause*

EIN HAUCH VON MAGIE

Feine Nebelschwaden steigen duftend aus der Räucherschale empor. In dieser wohligen Atmosphäre erhalten die eigenen Zukunftswünsche Zeit und Raum.

Kaum hat man die Eingangstür der kleinen Buchhandlung mondo durchschritten, sind Lärm und Hektik der Großstadt vergessen. Voller Vorfreude schaut man auf all die hübsch gebundenen Kräuterbündel und die Gläschen, die Anna und ihre Mitbewohnerin Lisa mit Schätzen der Natur befüllt haben. Daneben liegen handgeschriebene Zettel, die über die Wirkung des jeweiligen Krautes informieren. In der Mitte steht ein Räucherschälchen, das würzig-warmen **Weihrauchduft** verströmt.
Zahlreiche Interessierte sind an diesem Winterabend gekommen, um dem „Rauhnächte-Zauber im mondo" beizuwohnen. Was hat es mit den Rauhnächten auf sich? Wie stellt man aus **Blüten, Blättern und Harzen** seine eigene Räuchermischung zusammen? Und wie kann man diese besondere Zeit zur Reflexion, zum Loslassen und Setzen von Intentionen für das neue Jahr für sich nutzen? All das erfahren die Anwesenden im Sitzkreis bei herrlich wärmendem Kräutertee.

Für mich!
Umgeben von duftenden Essenzen

Gebannt lauscht man den Geschichten von uralten mystischen Bräuchen und reinigenden Räucherritualen. Eine ganz neue, faszinierende **Welt voller Magie** tut sich plötzlich vor einem auf. Eine Welt, in der für jeden Zweck das passende Kraut gewachsen ist. Ganz geborgen fühlt man sich, umgeben von all den duftenden Essenzen und den gleichgesinnten Menschen. Eine **behaglich-entspannte Atmosphäre,** die Raum für persönliche Gedankengänge lässt. Wovon möchte ich mich verabschieden? Und was wünsche ich mir für mein Leben? Erkenntnisse auf Fragen wie diese werden anhand eines Räucherrituals manifestiert.
Das Räuchern kann das ganze Jahr über zelebriert und vorbereitet werden. Um sich seine **Räuchermischung** selbst zusammenzustellen, reicht es, im Frühjahr und Sommer mit offenen Augen über Wiesen und durch Wälder zu streifen. Geeignete Zutaten lassen sich vielerorts finden. Und wer weiß, vielleicht wird mit dem passenden Räucherwerk der ein oder andere Wunsch gar wahr ...

Buchhandlung mondo, Elsa-Brändström-Straße 23, 33602 Bielefeld
Weitere Veranstaltungen zum Beispiel bei **Haus WohlSein** in Gütersloh/Isselhorst

Die Kraft des Feuers

Finde innere Ruhe!

MIT RÄUCHERRITUALEN INNEHALTEN

Das Phänomen des Feuers hat die Menschen schon immer fasziniert. An kalten, dunklen Wintertagen schenkte es **Wärme und Licht.** So kann es einerseits Leben erhalten, andererseits hat es eine gefährliche, zerstörerische Kraft, die gleichzeitig Raum für Neues schafft. Die Feuerstelle und später der Holzofen oder Kamin waren früher der Ort für Menschen, an dem man zusammensaß. Und so wundert es nicht, dass diese Feuerstellen eine zentrale Rolle im Brauchtum der Menschen einnahmen und es zahlreiche Rituale gab, die mit ihnen in Verbindung standen. Dem Feuer wurden magische und reinigende Kräfte zugeschrieben. Selbiges galt für den dabei entstehenden Rauch. Die Menschen warfen verschiedene Kräuter ins Feuer, zum Beispiel zum Schutz vor Unwettern. Der Brauch, bestimmte **Kräuter und Harze zu verbrennen,** damit ihre „Seele“ oder tiefere Wirkungsweise freigegeben wird, ist bis heute erhalten geblieben.

Je nachdem, welcher Effekt beim Räuchern erzielt werden soll, kommen bestimmte Kräuter, Blüten, Hölzer oder Harze zum Einsatz. Diese werden vorsichtig auf einer feuerfesten Unterlage entzündet, damit der Rauch langsam im Raum verströmen kann.
Das Räuchern eignet sich als schönes Ritual, um eine Meditation positiv zu begleiten, einfach mal innezuhalten, Altes oder Ängste und Sorgen loszulassen und Raum für Neues zu schaffen. An dunklen, kalten Wintertagen lässt sich die **wohltuende Wirkung der Düfte** der verglimmenden Pflanzen auf Körper und Seele besonders intensiv spüren. Sicher ist es kein Zufall, dass die sogenannten heiligen Rauhnächte, die – je nach Überlieferung – zwischen der Wintersonnenwende bzw. Weihnachten und dem Dreikönigstag liegen, traditionell besonders gern zum Räuchern genutzt werden.

Drei beliebte Kräuter, Blüten und Harze, die sich zum Räuchern eignen

Weihrauch und Fichten-, Kiefern- oder Lärchenharz
Weihrauch zählt zu den **traditionellsten Räucherstoffen** und kommt auch in der katholischen Kirche zum Einsatz. Dort symbolisiert er die Verbindung zu Gott und allem Überirdischen. Das verwendete Harz stammt von Weihrauchsträuchern, die im Nahen Osten wachsen. Alternativ kann jedoch auch das Harz unserer heimischen Nadelbäume verwendet werden – der sogenannte Waldweihrauch.
Weihrauch wirkt energetisch reinigend, hilft innere Ruhe zu finden, schützt vor negativen Energien und erleichtert die Meditation.

Weißer Salbei
Für die indigene Bevölkerung Nordamerikas ist Salbei eine **heilige Pflanze.** Traditionell wird er zur Reinigung von Aura und Atmosphäre verwendet. Salbei wirkt klärend und reinigend, befreit von Altlasten, erdet und fördert die Konzentration.

Rosenblätter
Die Königin der Blumen spielt seit Jahrtausenden in vielen Kulturen eine große Rolle. Sie ist ein **Symbol für Liebe, Leidenschaft und Verführung,** aber auch für Wehrhaftigkeit.
Rosenblätter besänftigen das Gemüt, schaffen eine entspannte, harmonische Stimmung und wirken schützend und herzöffnend.

PRICKELNDER FRISCHEKICK

Zugegeben, es kostet einiges an Überwindung, ins eiskalte Wasser zu gehen. Hat man es aber geschafft, wird man mit einer Portion Glücksgefühle belohnt.

Eisbaden liegt im Trend. In Skandinavien hat es schon lange Tradition, mittlerweile wagen sich jedoch auch hierzulande immer mehr Menschen ins kalte Nass. Kein Wunder, denn regelmäßiges Eisbaden hat zahlreiche **positive Effekte** auf die Gesundheit. Es ist gut für das Immunsystem, das Herz-Kreislauf-System und das Bindegewebe. Außerdem fördert es die Regenerationsfähigkeit nach dem Sport.
Doch damit nicht genug, auch für unsere Psyche hat das Eisbaden Vorteile. Einen kleinen Eindruck davon erhält man bereits beim ersten Versuch: Nachdem man das Wasser wieder verlassen hat, wird der Kälteschmerz zu einem Prickeln, das den ganzen Körper durchströmt. Man fühlt sich **herrlich euphorisiert,** wach und lebendig. Dieser energetisierende Effekt des Eisbadens kommt nicht von ungefähr, denn unser Körper reagiert auf den Kältereiz mit der Ausschüttung eines Hormoncocktails aus Endorphinen, Adrenalin und entzündungshemmenden Kortikoiden. Das macht Eisbaden zu einem natürlichen Frischekick, der besonders an trüben Wintertagen für gute Laune sorgt.

Für mich!
Die Gesundheit fördern durch Eisbaden

Alles, was man dafür braucht, ist ein geeignetes Gewässer. Zum Beispiel einen **klaren Bach,** der tief genug ist, um sich hineinzulegen. Vor allem Neulinge sollten sich langsam ins Wasser vortasten und nur in Begleitung einer weiteren Person eis- oder kaltbaden gehen. Bei Temperaturen unter null Grad Celsius empfehlen Mediziner, lediglich wenige Sekunden im Wasser zu bleiben. Aber auch sonst sollten es nie mehr als wenige Minuten sein, da die Gefahr einer Unterkühlung ansonsten zu groß ist. Spezielle Atemtechniken können helfen, den Körper auf die Kälte vorzubereiten.
Wer das Ganze lieber in **geselliger Runde** ausprobieren möchte, darf sich der Lippischen Kaltbadevereinigung anschließen. Die sympathische Gruppe trifft sich immer sonntagmorgens an der Bega in Lemgo, um dem Kaltbaden gemeinsam zu frönen. Interessierte sind herzlich willkommen.

Treffpunkt Lippische Kaltbadevereinigung, An der Bega, 32657 Lemgo, Infos und Kontakt über: kontakt@arne-heger.de

22 *Meine Atempause*

WÜNSCH DIR WAS

Nachts, hoch oben auf einer Burgruine, in die Geheimnisse des Universums eintauchen und mit etwas Glück ein paar zauberhafte Sternschnuppen sichten.

Jedes Jahr im August steht ein astronomisches Highlight an: die Perseiden – ein Meteorschauer, der das Herz aller **Sternschnuppenfans** höherschlagen lässt. Möchte man das Himmelsspektakel an einem besonderen Ort erleben, lohnt sich der nächtliche Aufstieg zur Ruine Falkenburg, die umgeben vom Teutoburger Wald auf dem Falkenberg thront. Früher diente die Burg als Sitz der Fürsten zu Lippe und war eine der größten mittelalterlichen Dynastenburgen Westfalens, heute ist sie ein beliebtes Ausflugsziel für Familien und Wanderer.

Bei Nacht hat die Ruine Falkenburg eine besonders **magische Ausstrahlung,** der steile Weg, der durch den Wald zu ihr hinaufführt, ist so dunkel, dass man für den Rückweg unbedingt eine Taschenlampe einpacken sollte. Auf dem Hinweg empfiehlt es sich jedoch, den Augen eine halbe Stunde Zeit zu geben, sich an die Dunkelheit zu gewöhnen, denn so sieht man, oben angekommen, einfach mehr.

Für mich!
Sich eins mit dem Universum fühlen

Je nach Jahreszeit variieren die Sternenbilder. Auch in klaren Winternächten lohnt sich der Aufstieg, denn dann funkeln über einem die hellsten Sterne, die unser Nachthimmel zu bieten hat. Dazu zählen Pollux, Sirius und Capella – sie alle sind viele Lichtjahre von unserer Erde entfernt. Was für ein **atemberaubendes Gefühl** es ist, Teil dieses unendlichen Universums zu sein.

Mehr faszinierende Fakten aus der Astronomie erfährt man bei einer sternenkundlichen Führung vom Ruine Falkenburg e.V. Zum Beispiel, dass Gold entsteht, wenn Neutronensterne kollidieren. Aber auch, dass es sich bei **Sternschnuppen** eigentlich um kosmischen Dreck handelt: Winzig kleine Staubkörner, die im Sonnensystem überall zwischen den Planeten herumfliegen und meist von einem Asteroiden oder Kometen stammen. Und trotzdem ist dieser Moment einfach magisch, wenn plötzlich eine Sternschnuppe am Himmel entlangzieht. Zeit, sich etwas Schönes zu wünschen.

Ruine Falkenburg, Falkenburgweg, 32760 Detmold,
Infos zu sternenkundlichen Führungen unter www.falkenburg-lippe.de

23 Meine Atempause

GEFIEDERTES ORCHESTER

**Hör mal, wer da trällert!
Heimische Vögel kennenlernen und sich von ihren Gesangskünsten begeistern lassen.**

Staunend und still steht man da. Alle lauschen gebannt dem betörenden Gesang der Nachtigall, der unter einer urigen Eiche erklingt. „Die Nachtigall gilt als **Symbol der Romantik** und hat schon Schriftsteller wie Johann Wolfgang von Goethe und William Shakespeare inspiriert“, erzählt Diplom-Biologe Heiner Härtel. Der zertifizierte Landschaftsführer aus Lübbecke bietet regelmäßig geführte vogelkundliche Spaziergänge in Ostwestfalen-Lippe an. „Goldammer, Nachtigall und andere Vögel“ lautet das Thema der heutigen Tour.

Mit Ferngläsern ausgerüstet, geht es ins Naturschutzgebiet Dankmasch in Altenhagen. Der langjährig entwickelte ökologische Freiraum wartet mit einer großen Vielfalt an Vögeln auf. In dieser Landschaft aus Acker- und Grünlandflächen, Feldgehölzen, Bächen, Tümpeln und Teichen haben die **kleinen Konzertmeister** ein wertvolles Refugium gefunden.

Für mich!
Ein neues, meditatives Hobby entdecken

Langsam und leise schreitet die Gruppe lauschend durchs Grün. Heiner Härtel hält regelmäßig an, um die Teilnehmenden auf einen neuen Künstler aufmerksam zu machen, der dem gefiederten Orchester beigetreten ist. Da ist das „Si, si, si“ der Goldammer, das „Klingelingeling“ der Heckenbraunelle, rechter Hand schmettert der Zaunkönig sein Ständchen. **Jubilierend, trällernd, flötend –** ganz unterschiedlich klingt ihr Gesang. Und trotzdem fällt es anfangs nicht leicht, die Stimmen jedem Sänger richtig zuzuordnen. Als Tipp für zu Hause rät Härtel, regelmäßig zu üben, ein Bestimmungsbuch mit App kann dabei hilfreich sein.

Und so wird es zu einem festen Frühjahrsritual, morgens im Bett liegend, bei geöffnetem Fenster dem Gesang zu lauschen. Amseln, Rotkehlchen, Singdrosseln, Zaunkönig – sie alle erheben ihre Stimme zum Konzert. Ein Sound, der nachweislich **gute Laune** macht: Aktuelle Studien zeigen, dass sich Vogelgezwitscher positiv auf unsere Stimmung auswirken kann. Ein Grund mehr, diese Naturtherapie regelmäßig zu genießen.

Vogelkundliche Führungen, zum Beispiel über NWV für Bielefeld und Umgegend, Konradstraße 9, 32312 Lübbecke, Tel. (0 57 41) 23 68 98, www.nwv-bielefeld.de

24 Meine Atempause

GRÜNE ENERGIE TANKEN

Tief strömt die kühle Luft in die Lunge. Hier im Heilwald enthält sie besonders gesundheitsfördernde Stoffe – der perfekte Ort für ein Atemtraining.

Einst wurde in Bad Lippspringe ein Wald gepflanzt, um den aus der Senne heranwehenden Sand fernzuhalten. Ursache für das Problem waren die lokalen Windsysteme, die zwischen der Paderborner Hochfläche, dem Eggegebirge und der Senne zirkulieren. Heute ist man vor allem an heißen Sommertagen sehr dankbar für diese besondere geografische Begebenheit, die dem Kurort ein reizarmes Mittelgebirgsklima beschert, denn Hitze und Schwüle entstehen hier selten. Dazu, dass Bad Lippspringe als **Heilklimatischer Kurort** zertifiziert wurde, trägt jedoch auch der mittlerweile 200 Hektar große Wald bei, der als Staubfilter und Windschutz dient.

Für mich!
Gesunde Waldluft beim Wandern genießen

Bei einer geführten heilklimatischen Wanderung können Interessierte diesen Wald auf besondere Weise entdecken. Heilklima-Wanderführerin Lisa Stiehm empfängt die Teilnehmenden mit ein paar einleitenden Worten zum Ablauf der Tour. Nach dem Pulsmessen geht's im zügigen Schritt Richtung Wald. An einem **idyllischen und ruhigen Plätzchen** angekommen, lernen die Teilnehmenden erste Atemgymnastikübungen kennen. Denn über eine bewusste Atmung lassen sich viele Prozesse im Körper positiv beeinflussen. Wenn wir entschleunigt atmen, können wir zum Beispiel unseren Blutdruck senken, Ängste regulieren oder die Konzentrationsfähigkeit fördern. Auch als Einschlafhilfe lässt sich unsere Atmung nutzen.
Merklich ruhiger fühlt man sich nach den Übungen – und irgendwie vitalisiert. Kein Wunder, denn über die Lungen und die Haut werden hier im Wald ganz unbemerkt zahlreiche **gesundheitsfördernde Stoffe** aufgenommen, zum Beispiel die sogenannten Terpene – flüchtige organische Substanzen –, die unser Immunsystem stärken. Mit diesem Wissen holt man gleich noch mal tiefer Luft, um mehr von dieser grünen Energie zu tanken. Dann geht's weiter des Weges, auf dem einem noch viele weitere Wunder des Waldes begegnen.

Heilklimatische Wanderung, Treffpunkt: Tourist-Information, Lindenstraße 1a, 33175 Bad Lippspringe, Tel. (0 52 52) 2 62 60, www.heilwald-badlippspringe.de

Energie durch Entspannung

Hole bewusst Luft!

DER ATEM ALS KRAFTOASE

Wir tun es etwa 20.000-mal pro Tag. Und trotzdem bekommen wir meist kaum etwas davon mit, denn unsere **Atmung** wird automatisch über das Atemzentrum im Gehirn gesteuert. Die dort sitzenden sogenannten Chemorezeptoren sorgen dafür, dass Knochen, Muskeln, Blut, Gehirn und Organe immer ausreichend mit **Sauerstoff** versorgt werden. Sie melden dem Gehirn stetig, wie hoch der Anteil von Sauerstoff und Kohlendioxid im Blut ist. Ist zu wenig Sauerstoff vorhanden, erhöht das Atemzentrum die **Atemfrequenz.** Dies geschieht zum Beispiel, wenn wir Sport machen oder körperlich anstrengende Arbeiten verrichten.

Auch wenn wir Stress, Angst oder Schmerzen empfinden, verändert sich unsere Atemfrequenz. Wir atmen schneller und flacher. Das liegt daran, dass der Körper in Stresssituationen Botenstoffe ausschüttet, die die Atemfrequenz und die Muskelspannung erhöhen. Atmen wir über längere Zeit zu flach, erhält unser Körper nicht mehr die ausreichende Sauerstoffzufuhr.

Kopfschmerzen und Verspannungen können die ersten Folgen sein.
Zum Glück funktioniert das Ganze aber auch andersherum. Wissenschaftliche Studien belegen, dass wir unsere Atmung als eine Art Erste-Hilfe-Kit nutzen können, um uns in schwierigen Situationen zu beruhigen. **Spezielle Atemtechniken** ermöglichen es, gezielt einen Einfluss auf das vegetative Nervensystem und unsere Emotionen zu nehmen. Auch die Effekte auf den Körper sind positiv: Der Blutdruck sinkt, das Herz schlägt langsamer, die Muskeln entspannen sich. Sogar chronische Schmerzen, Angststörungen und Depressionen sollen durch die Kraft unserer Atmung gelindert werden können.
In Indien hat man bereits vor Jahrtausenden erkannt, wie effektiv es ist, den Atem bewusst zu kontrollieren. „**Pranayama**" lautet der Begriff im Sanskrit, was so viel wie „Die Lebensenergie lenken" bedeutet. Zu den bekanntesten Formen, die einige sicher aus dem Yoga kennen, zählt hier die Wechselatmung. Sie soll für mehr Gelassenheit sorgen und ist daher ideal geeignet, um sie vor dem Schlafengehen zu praktizieren.

Yogi-Wechselatmung
Nadi Shodhana

- Setze dich bequem und aufrecht hin, zum Beispiel in den Schneidersitz.
- Schließe deine Augen.
- Lege den Daumen deiner rechten Hand sanft über dein rechtes Nasenloch. Den Ringfinger der rechten Hand legst du auf das linke Nasenloch. Deine Zeige- und Mittelfinger kannst du entspannt nach unten klappen.
- Verschließe dein rechtes Nasenloch nun mit dem Daumen und atme durch das linke vollständig aus.
- Dann atmest du durch das freie linke Nasenloch tief ein und verschließt es mit deinem Ringfinger.
- Halte den Atem an und zähle bis vier.
- Löse den Daumen und atme durch das rechte Nasenloch aus.
- Dann atmest du tief durch das rechte Nasenloch ein und verschließt es mit dem Daumen.
- Halte den Atem wieder an und zähle bis vier.
- Löse den Ringfinger und atme dann links aus.
- Nun beginnt das Ganze von vorne.
- Wiederhole die Wechselatmung fünf- bis zehnmal.

25 Meine Atempause

QUIGONG IM GEHEIMEN GARTEN

Im milden Licht der Morgensonne gemeinsam mit Gleichgesinnten die sanft fließenden Bewegungen zelebrieren und dabei neue Energie gewinnen.

Hinter den dicken Mauern des ehemaligen Franziskanerklosters verborgen, liegt ein **kleines grünes Paradies.** Betritt man es durch das märchenhafte Tor, fühlt man sich ein wenig wie Mary Lennox in „Der Geheime Garten". Nur dass dieser Garten nicht verwildert ist, sondern von vielen freiwilligen Helferinnen und Helfern gehegt und gepflegt wird. Da sind die kreuzförmig angelegten Wege, der Laubengang mit Gartenhaus, prächtig rote Mohnblumen, die ihre Köpfe ins Blau des Himmels recken und ein Brunnen. Alle Beete sind mit Stauden und Rosen umrandet, die teils auch am **alten Gemäuer** emporranken.

Für mich!
Neue Energie im Grünen gewinnen

Ein zauberhafter Ort, wie gemacht, um in ihm zu verweilen, zu lesen oder einfach mal Kraft zu tanken. Vor allem zur **Obstblüte** ist es hier schön, und trotzdem ist dieses Kleinod, das im Herzen der Stadt Wiedenbrück versteckt liegt, noch nicht allen Einwohnerinnen und Einwohnern bekannt. Kein Wunder, denn über lange Zeit war der „geheime Garten", der unter Denkmalschutz steht, der Öffentlichkeit nur zu wenigen Anlässen zugänglich.

Seit die Klostergenossenschaft Wiedenbrück das ehemalige **Franziskanerkloster** übernommen hat, finden in der Anlage regelmäßige Aktionen wie Lesungen, Konzerte und Kräuterworkshops statt. Dazu zählen auch Bewegungsangebote: Zweimal wöchentlich können Interessierte am Quigong-Kurs von Sabine Daelen teilnehmen. Umgeben von all den Bäumen und Blumen, ist dieser Ort perfekt, um in die **chinesische Konzentrations- und Bewegungsform** einzutauchen. Vorkenntnisse sind nicht notwendig. Was die Physiotherapeutin besonders an Quigong begeistert? „Die Bewegungen stammen aus der Traditionellen Chinesischen Medizin, sie wirken regulierend auf alle Prozesse im Körper und schaffen eine Balance", sagt Daelen. Aber auch, dass Quigong grundsätzlich von jedem praktiziert werden kann, gefalle ihr. Zeit, es nun selbst einmal auszuprobieren. Entschleunigung ist dabei garantiert.

Klostergarten Wiedenbrück, Mönchstraße 19, 33378 Rheda-Wiedenbrück
Quigong-Kurse von Sabine Daelen, www.physiotherapie-daelen.de

26 *Meine Kraftquelle*

EINE SOMMERLIEBE

Die Entscheidung ist schwer: Wählt man die purpurroten Pompon-Dahlien oder goldgelbe Sonnenhüte? Auf jeden Fall wird es ein schöner Sommerblumenstrauß.

Stundenlang streifte man früher durch die Wiesen, auf der Suche nach bunten Blumen, die ihren Weg später als Sträuße nach Hause fanden. Welch herrlicher Flow-Zustand in der Natur das war, in dem Raum und Zeit keine Rolle spielten. Auf dem Biohof Mertens Wiesbrock werden sie wieder wach, diese Erinnerungen an die **Sommer aus Kindheitstagen.**
Unter Anleitung einer Floristin finden regelmäßig Workshops wie „Blumenernte und Sommersträuße binden" statt. Nach der Begrüßung dürfen sich die Teilnehmerinnen auf dem Feld umschauen, wo Hunderte Bioblumen nach den Leitlinien der **Slowflower-Bewegung** wachsen. „Wir haben uns 2021 bewusst dazu entschieden, Mitglied zu werden, weil das nachhaltige, saisonale und regionale Konzept perfekt zu uns passt", sagt Lisa Wiesbrock, die den Biohof gemeinsam mit ihrer Familie führt.
Die Auswahl an dekorativen Objekten ist groß: Cosmea, Dahlien, Löwenmäulchen, Muschelblumen … „Schneidet, was ihr möchtet, macht den Arm voll!", ermuntert Floristin Luzie Handing die Teilnehmerinnen. Jede Blüte für sich ist ein grandioses **Kunstwerk,** doch welche Farben und Formen harmonieren im Strauß? „Die dunkelroten Löwenmäulchen lassen sich zu allen Farben kombinieren", verrät sie. „Gräser, dunkle Wilde Rauke oder filigrane Blüten wie die der Wilden Möhre eignen sich perfekt, um tolle Akzente zu setzen."

Für mich!
Einfach mal sich selbst Blumen schenken

Auf einer Wiese stehen Tische bereit. Warum und wie müssen Blumen vor dem Binden gesäubert werden? Wie gelingt ein **harmonisches Bouquet?** Das alles und noch viel mehr erfährt man. Blumensträuße zu binden ist Übungssache. Doch mit etwas Geduld und Unterstützung gelingt auch der erste eigene professionelle Strauß ganz wunderbar. Am Ende hält man sie glücklich und stolz in den Händen – diese **Liebeserklärung** an den Sommer. Gut geschützt bringt man das Werk im Fahrradkorb nach Hause und erfreut sich tagelang an der fulminanten Farbenpracht.

Biohof Mertens Wiesbrock, Schulstraße 123, 33397 Rietberg,
Tel. (0 52 44) 90 12 00, www.mertens-wiesbrock.de

27 *Meine Kraftquelle*

FREIHEIT FÜHLEN

Der Blick ist in die Ferne gerichtet, während einen ein Gefühl von Freiheit überkommt. Wer diesen Weg geht, darf allen Ballast hinter sich lassen.

Die etwa 5 Kilometer lange Runde „Reflexion – Wanderweg Wiehenturm“ lädt an drei Stationen dazu ein, über Themen wie Optimismus, Glück und Verzeihen nachzudenken. Los geht’s am Wanderparkplatz Schwarzer Brink, ein kleiner Stichweg führt zum Wiehenturm, ihn zu besteigen, hebt man sich jedoch am besten für das Finale des Weges auf. Ab hier wandert man über ebene und sanft hügelige **Waldwege.** Nach einer Weile steht rechter Hand eine Tafel, die dem Thema „Glück“ gewidmet ist. Spannende Fakten dazu und zahlreiche **Denkanstöße** regen zum „Aufsichwirkenlassen“ an. Wie praktisch, dass eine Wellenliege mit Ausblick bereitsteht.

Für mich!
Beim Gehen neue Einsichten gewinnen

Gespannt auf weitere Denkanstöße geht man weiter, voller Dankbarkeit, sich diese Auszeit zu gönnen, die den Fokus auf das Hier und Jetzt lenkt. Plötzlich nimmt man viel mehr um sich herum wahr: Die wilden **Brombeeren am Wegesrand,** die köstlich schmecken, den Hauch des Windes, der in den Wipfeln der Nadelbäume besonders geheimnisvoll klingt …

Die nächste Station handelt vom „Versöhnen und Verzeihen“. Wer möchte, kann hier symbolisch eine innere Last zurücklassen, die man vielleicht schon viel zu lange mit sich herumträgt. Auch hier wartet eine Wellenliege. Unter den tief hängenden Ästen der Buche lässt es sich herrlich rasten. Und darüber nachdenken, was es loszulassen lohnt. **Wohltuend erleichtert,** geht man eine ganze Weile später weiter.

Zum Ende der Runde erreicht man wieder den 25 Meter hohen Wiehenturm. Die 125 Stufen zu erklimmen, lohnt sich, denn der Ausblick von hier oben ist atemberaubend. Er reicht östlich ins Eggetal und nördlich bis in die norddeutsche Tiefebene. „Einen Turm zu besteigen, gibt den Blick frei in die Ferne. Diese Aussicht schenkt ein Gefühl von Freiheit und Hoffnung“ steht auf der Tafel am Turm geschrieben. Und es stimmt. Zeit, **glücklich tief durchzuatmen** und das gelungene Finale dieses erkenntnisreichen Weges gebührend zu genießen.

„Reflexion – Wanderweg Wiehenturm“, Start: Wanderparkplatz Schwarzer Brink, Bergstraße, 32361 Preußisch Oldendorf, www.teutoburgerwald.de

28 *Meine Kraftquelle*

UNTERM BLÄTTERDACH

Die frühen Morgenstunden bieten die perfekte Atmosphäre für eine ruhige Auszeit im Park. Und eine freie Wahl des Baumes, unter dem man sitzen möchte.

Grüne Oasen inmitten der Stadt, die zum Entspannen einladen – Bielefeld hat einige davon. Zum Beispiel den Nordpark, der 7 Hektar groß ist. Ein **Ort der Erholung,** der mit farbenfrohen Blumenbeeten und beeindruckenden alten Baumbeständen aufwartet. Ein besonders imposanter Bewohner des Parks ist der mehr als 130-jährige Tulpenbaum – der Stamm dieses Naturdenkmals hat einen Umfang von fast 5 Metern.
Wer frühmorgens in den Nordpark kommt, wird mit Leere belohnt. Unterm Blätterdach einer großen Winterlinde, deren Äste bis zum Boden reichen, sieht es herrlich lauschig aus. Hier macht man es sich heute mal so richtig schön. Alles, was dafür benötigt wird, ist eingepackt: Decken, **weiche Kissen,** etwas Proviant und das Lieblingsmagazin. Im Nu wird der Ort zum ganz persönlichen Happy Place. Und so genießt man den Beginn des Tages lesend, meditierend oder einfach dösend und dem Konzert der Vögel lauschend.
Nach und nach finden sich die ersten Menschen ein. Neben Ruhesuchenden zieht es besonders Yoga- oder Tai-Chi-Fans in den Nordpark; und so kann es nie schaden, bequeme Kleidung und eine Matte dabeizuhaben, denn Mitmachen ist ausdrücklich erwünscht. Die Wiese am Teich mit Wasserfontäne eignet sich dafür perfekt – das Plätschern liefert einen herrlich **meditativen Sound.**
Diese **friedliche Stimmung,** die über den Park gelegt zu sein scheint, ist einfach schön anzusehen: Die Gruppe älterer Damen, die gemeinsam im Stuhlkreis strickt, zwei Freundinnen, die gerade ihre Picknickdecke ausbreiten oder das Pärchen, das lesend in Hängematten zwischen den Birken liegt. Im Nordpark findet jeder Raum für seine persönliche Auszeit.
Wer zu späterer Stunde hungrig wird, kann ins **mediterran anmutende Café** einkehren. Eines steht fest: Es gibt viele Gründe, um einfach den ganzen Tag in diesem Park zu verbringen. Und den Abend vielleicht noch dazu.

Für mich!
Im Park sitzen und die Zeit vergessen

Nordpark, Bünder Straße 25 b, 33613 Bielefeld

INSPIRATION

IM FARBRAUSCH

Mit Pinsel und Farben auf Keramik kreativ werden und dabei Zeit und Raum vergessen. Am Ende entstehen hübsche Erinnerungsstücke, die glücklich machen.

Man muss schon genau wissen, wo er ist, sonst könnte man den kleinen Porzellansalon im Bielefelder Westen schnell übersehen. Bereits das **liebevoll dekorierte Fenster** lässt die Vorfreude steigen, denn dort stehen allerlei kreative Ansichtsexemplare – faszinierend, was sich aus Keramik und Farben alles Feines zaubern lässt.

Es folgt eine freundliche Begrüßung durch Inhaberin Natalie Saarmann und ihr Team. Wie sie auf die Idee kam, den Porzellansalon zu gründen? „Ich wollte einen Ort erschaffen, an dem sich die Menschen wohlfühlen, **kreativ werden** können und ihre Begeisterung geweckt wird", erzählt Saarmann. Das ist ihr gelungen, denn die viermal wöchentlich stattfindenden Termine sind heiß begehrt.

Für mich!
Kreativ sein und Keramik bemalen

„Paint your own pottery" heißt das Prinzip, das ursprünglich aus den USA stammt. Und das funktioniert so: Reinkommen, sich ein Objekt aus dem Regal suchen und es dann frei **nach Lust und Laune** bemalen. Am Ende wird es glasiert und im Ofen gebrannt. Etwa eine Woche später kann es dann abgeholt werden.

Aber womit beginnen? Die Auswahl ist groß: In den Regalen stehen weiße Teller, Tassen, Teekannen und vieles mehr, sie alle warten darauf, bemalt zu werden. Wie das am besten gelingt, erfahren die Gäste in einer kleinen Einführung. Wer sich seiner Malkünste noch nicht ganz so sicher ist, kann auf jede Menge **Schablonen, Stempel und Vorlagen** zurückgreifen. Nachdem man sein Lieblingsobjekt gefunden hat, geht's ans Werk. Inspirationen zur Gestaltung gibt es zur Genüge. Herrlich rau fühlt sich die rohe Keramik in der Hand an. Mit jedem **Pinselstrich** taucht man tiefer in den Flow ein. Die Zeit vergeht wie im Fluge, der Alltag ist ganz weit weg. „Das war wie ein kleiner Urlaub", hat mal eine Kundin gesagt, als sie den Porzellansalon verließ, erzählt Saarmann. „Und genau darum geht es, sich für sich allein oder gemeinsam mit lieben Menschen eine kreative Auszeit zu nehmen."

Porzellansalon, Crüwellstraße 1, 33615 Bielefeld,
Tel. (05 21) 52 89 24 57, www.porzellansalon.de

Porzellansalon
KREATIV AUF KERAMIK

MIT ALLEN SINNEN

Der Waldbaden-Pfad lädt dazu ein, sich ganz auf sich und seine Sinne zu fokussieren. Ein perfekter Ort, um wieder zur inneren Mitte zu finden.

Tief eintauchen in den Wald und die Atmosphäre mit allen Sinnen genießen – auf dem Waldbaden-Pfad im Kalletal gelingt das besonders intensiv. Zehn Stationen liefern spannende Informationen und die Möglichkeit, das Waldbaden anhand von Übungen zu praktizieren. Über eine kostenlose App lassen sich diese vor Ort einfach abrufen. Das macht den Pfad zum idealen Ziel für eine **Ich-Zeit,** wer morgens kommt, hat ihn mit etwas Glück sogar ganz für sich allein und kann sich unbeobachtet auf die Natur fokussieren.
Der Waldbaden-Pfad beginnt mit einer Pause. Eine Bank steht bereit, Zeit für die erste angeleitete Sinnesübung: Den **Duft des Waldes** bewusst genießen – das Aroma der Natur. Würzig riecht es, nach den ätherischen Ölen der Nadelbäume. Erdig aber auch, nach nassem Laub, das in der Sonne trocknet. Bereits jetzt setzt die Entspannung ein; und die Vorfreude auf die nachfolgenden Stationen.

Für mich!
Den Duft des Waldes atmen

Vögel zwitschern, Schmetterlinge flattern vorbei, man sitzt da und schaut zu, wie weiße Wölkchen langsam am Himmel vorbeiziehen. Weiter geht's zu den folgenden Stationen, die zum Riechen, Atmen, Fühlen, langsamen Gehen und Sehen einladen. „Anlehnen" heißt die fünfte Station. Wer mag, darf hier einen Baum seiner Wahl **umarmen.** Wenn man die Augen schließt, kann man ihn noch intensiver spüren. Was für ein kraftvolles Geschöpf, bis zu 400 Liter Wasser fließen täglich durch ihn hindurch.
Auf der ergonomisch geformten Holzbank an Station 9 würde man am liebsten ewig verweilen. Zumindest mental ist das möglich: Anhand der hier gezeigten Übung lässt sich über den Geruchssinn ein Erinnerungsbild erzeugen, das in stressigen Alltagssituationen einfach abgerufen werden kann. Ein **Happy Place to go** sozusagen.
Die letzte Station des Waldbaden-Pfades trägt den Titel „Wunschbaum" und der hält, was er verspricht. Hier darf ein **Herzenswunsch** verewigt und an den Baum gehängt werden.

Waldbaden-Pfad Kalletal, Start: Friedhofsweg,
32689 Kalletal-Heidelbeck, www.kalletal.de/waldbaden

Grüner Seelenschmeichler

Stress lass nach!

WARUM WALDBADEN SO WOHLTUEND IST

In Japan hat man die **heilsame Kraft des Waldes** schon lange erkannt. Hier gibt es „Shinrin Yoku“ – was wortwörtlich übersetzt so viel wie „Eintauchen in die Waldatmosphäre“ bedeutet – seit Jahrzehnten auf Rezept. Doch auch hierzulande hat sich die Naturtherapie mittlerweile etabliert und wird meist unter dem Begriff „Waldbaden“ angewandt. Mit allen Sinnen in die Atmosphäre des Waldes einzutauchen, wirkt sich positiv auf Körper und Psyche aus. Das belegen mittlerweile immer mehr internationale Studien. **Waldbaden** senkt den Blutdruck und den Cortisolspiegel und lässt die Zahl unserer Abwehrzellen steigen. Ein Effekt, der noch Tage nach dem Besuch im Grün anhalten kann. Wenn wir in den Wald eintauchen, atmen wir bioaktive Stoffe ein, mit denen Pflanzen untereinander Botschaften austauschen – sogenannte Terpene. Sie werden von Bäumen und anderen Pflanzen abgegeben und entströmen der nährstoffreichen Erde. Eine

kostenlose Medizin zum Einatmen, könnte man sagen. Hinzu kommt die stresslösende und entspannende Wirkung des Waldes.
Doch was genau versteht man eigentlich unter Waldbaden; und was ist der Unterschied zu einem Waldspaziergang? Beim Waldbaden geht es um **gezielte Entschleunigung.** Es lässt sich mit oder ohne Anleitung praktizieren, das bedeutet, dass du den Wald achtsam auf dich wirken lässt. Du kannst langsam gehen oder einfach nur dasitzen und lauschen, riechen, fühlen und schauen. Auch **Meditations- oder Atemübungen** können dazugehören. Sie unterstützen die gesundheitsfördernden Effekte des Waldbadens.
Und welcher Wald ist der richtige? Beim Waldbaden sollte man immer auf sein Bauchgefühl achten: Wichtig ist es, dass du dich vollkommen wohlfühlst. Ob Nadel- oder Laubwald, ist also egal.

Tipp: Im Regen entfaltet der Wald eine ganz besonders zauberhafte Stimmung. Und die Chance, dass man ihn für sich allein hat, ist groß. Genieße das herrliche Geräusch, wenn der Regen auf Blätter und Nadeln prasselt und die Waldluft, die jetzt besonders würzig duftet und reich an heilsamen Terpenen ist.

Vier kleine Übungen für deine Waldauszeit

- Nimm dir ein paar Minuten Zeit, um anzukommen. Atme tief und gleichmäßig, bis du die Ruhe auch innerlich spürst.
- Schließe deine Augen und horche. Was hörst du in deinem direkten Umfeld? Achte auf jedes noch so leise Knacken, Rascheln und Summen. Weite deinen Radius langsam aus. Was hörst du in der Ferne?
- Wonach duften die einzelnen Elemente des Waldes? Nimm eine Handvoll Erde und schnuppere daran, zerreibe ein Blatt zwischen den Fingern, rieche an der Rinde eines Baumes.
- Suche dir einen besonders schönen Baum. Umarme seinen dicken Stamm und ertaste seine Rinde. Wie fühlt sich das an? Durch eine Buche fließen täglich bis zu 400 Liter Wasser. Vielleicht kannst du diese Energie spüren. Schließe die Augen und genieße die Verbindung zwischen dir und dem mächtigen Riesen.

NÄCHTLICHES SCHAUSPIEL

Ein Spaziergang zur Dämmerstunde ermöglicht neue Sinneseindrücke. An lauen Sommernächten wartet ein besonderes Highlight: der Tanz der Glühwürmchen.

Die **Blaue Stunde** im Botanischen Garten hat durchaus ihren Reiz und auch im Tierpark Olderdissen geht's abends deutlich ruhiger zu. Wer zur Dämmerung kommt, kann zuschauen, wie sich Esel und Gans Gute Nacht sagen. Und dann gibt's da noch die Bewohner, die erst jetzt aktiv werden, Fledermäuse zum Beispiel. Lautlos und pfeilschnell jagen sie durch die Luft. Zurück geht's in den Wald hinauf, linker Hand liegt die Weide der Schottischen Hochlandrinder. Auch ein Blick nach oben lohnt sich, denn die letzten Strahlen der Abendsonne lassen die Blätter der Buchen herrlich golden leuchten. Vor einem liegt eine Lichtung mit einer großen Wiese, Holzbänke laden zum Innehalten ein. Dieser Ort hat etwas wunderbar Friedliches und man blickt auf den Horizont, der sich hinter den dunklen Wipfeln der Tannen langsam rosa färbt. Eine Atmosphäre, die an die ewig langen **Mittsommernächte Skandinaviens** erinnert. Dann heißt es warten. Denn an lauen Sommerabenden lässt sich hier am Waldrand mit etwas Glück ein ganz besonderes Schauspiel beobachten: der **Tanz der Glühwürmchen.** Früher hielt man sie für Irrlichter, ruhelose Seelen Verstorbener, die Wanderer in die Irre führen. Der Grund für dieses **zauberhaft anmutende Ritual** ist jedoch ein anderer: Die Leuchtkäfer glimmen, um potenzielle Partner zur Paarung anzulocken. Von Juni bis Ende Juli ist die Chance am größten, zu sehen, wie sie sich mit ihren Laternen ins Liebesabenteuer stürzen.

Für mich!
Einfach dasitzen und sich verzaubern lassen

Doch leider machen Trockenheit, Pestizide und Lichtverschmutzung auch den Nachtschwärmern zu schaffen. Sie anzutreffen, ist nicht mehr selbstverständlich. Ob man heute wohl in den Genuss kommen wird? Die Aufregung steigt. Und plötzlich sind sie da: erst eins, dann zwei ... Je dunkler es wird, desto mehr zeigen sich. Wie **kleine Sternschnuppen** leuchten sie auf, tanzen um die tiefschwarzen Silhouetten der Bäume, um dann wieder zu verschwinden. Ein Schauspiel, das **einfach magisch** ist. Stundenlang könnte man zusehen, am liebsten die ganze Nacht.

Botanischer Garten Bielefeld, Start: Am Kahlenberg 16, 33617 Bielefeld, www.botanischer-garten-bielefeld.de

32 *Meine Kraftquelle*

ALLES IM FLUSS

Am Doberg ist man umgeben von imposanten Felsformationen. Hier Indian Balance zu praktizieren, hat seinen ganz besonderen Reiz.

Als einen Kraftort bezeichnet Katharina Hinze die Landschaft aus schroffen Klippen und steilen Felswänden, die sich plötzlich vor einem erheben. „Das einzigartige Flair des Naturschutzgebiets Doberg lässt den Alltag ganz schnell in den Hintergrund treten", schwärmt sie. Und es stimmt, dieses von Menschenhand geschaffene Miniaturgebirge wirkt irgendwie geheimnisvoll und mystisch. Ein idealer Ort also, um **Indian Balance** zu praktizieren. Dabei handelt es sich um ein Body-Mind-Soul-Programm, das **indigene Heilgymnastik** mit moderner Bewegungslehre verknüpft.

„Die energetischen Übungen trainieren den gesamten Körper und führen in eine ruhige Konzentration", erklärt Katharina Hinze, die seit 2021 zertifizierte Indian-Balance-Trainerin ist. „Die bewusste Atmung setzt Energie frei und die Bewegungen schulen die Körperwahrnehmung." Was sie am Indian Balance besonders fasziniert? „Dass Muskelkraft, Koordination und Flexibilität gefördert werden, man jedoch gleichzeitig seelisch völlig entspannen und zur Ruhe kommen darf."

Für mich!
Mit indigenen Traditionen zur Ruhe finden

Der Kurs beginnt mit einigen Aufwärmübungen, dann folgen die ersten Haltungen, die Naturnamen wie beispielsweise „Tala, der Wolf" tragen. Sie gehen auf **Energie- und Kraftbilder** aus der indianischen Tradition zurück. „Kimama, der Schmetterling, zählt zu meinen Lieblingsübungen", sagt Katharina Hinze, „weil man den Flug des Schmetterlings mit fließenden Bewegungen bildlich nachvollziehen kann."

Und so fließt man von Übung zu Übung, im Hintergrund läuft leise **indigene Musik.** Am Ende folgt eine Entspannungsphase. Ein letztes Mal wandert der Blick über die sandsteinfarbenen Felsen, die einen schützend umgeben. Welch schönes Gefühl es ist, an diesem besonderen Ort, ganz bewusst ein Teil der Natur zu sein.

Indian Balance am Doberg,
Im Doberg, 32257 Bünde, www.katharinahinze.de

BEZAUBERNDE FENSTERMUSIK

Hat man Platz genommen, kann man sein Glück kaum fassen: diese wunderschönen Klänge am Wegesrand – ein Konzert inmitten der Natur – Genuss pur.

Fröhliche Klavierklänge strömen aus dem Fenster des weißen Hauses, das umgeben von Feldern, Wiesen und Wäldern auf einem Hügel liegt. Manchen Wanderer, der zufällig des Weges kommt, laden sie zum Zuhören ein. Holzstühle, Kekse und Kaffee stehen für das **kostenlose Konzert** bereit, wer möchte, kann die „Fenstermusik" mit einer Spende unterstützen.

Die Idee dazu kam der Pianistin Anna-Maria Pfotenhauer im Sommer 2021: „Wie schön wäre es, an Sonntagen um 15 Uhr für eine halbe Stunde das Fenster für Musik zu öffnen", dachte sie sich. Und so erhielt ihr C.-Bechstein-Flügel Rollen, um ans Fenster geschoben werden zu können. Kurze Zeit später war es dann so weit: Die erste **Fenstermusik** erklang teils vierhändig, mit Unterstützung der Musikerin Claudia Onnebrink und Werken von Edvard Grieg.

Für mich!
Musik für die Seele genießen

Seitdem folgten regelmäßig Fenstermusiken. „Es ist einfach schön, die Menschen zu überraschen und zu sehen, wie sie sich freuen", erzählt Pfotenhauer. Ihre Wohnlage nahe des Limbergs eignet sich perfekt, denn viele Wanderwege führen bei ihr vorbei. „Man weiß nie, wer kommt, das macht es so spannend", erzählt die Pianistin. Neben zufälligen Gästen besuchen aber auch Freunde, Bekannte und andere Musikliebhaber regelmäßig die Konzerte. Besonders die **Vollmond-Serenade,** die Pfotenhauer und Onnebrink an einem lauen Sommerabend veranstalteten, ist ihnen in Erinnerung geblieben: „Am Ende sangen dann alle gemeinsam ‚Der Mond ist aufgegangen', das war unglaublich schön – ein Gänsehautmoment", schwärmt Onnebrink.

Dankbar, an diesem Sonntagnachmittag zur richtigen Zeit zufällig am richtigen Ort gewesen zu sein, sitzt man **andächtig lauschend** da, spürt den angenehm sanften Hauch des Windes im Gesicht. Lächelnd bemerkt man, wie Blätterrauschen und Vogelgesang zum bezaubernden Bestandteil von Beethovens und Bachs Werken werden. Beim finalen Applaus ist klar: Man wird auf jeden Fall wiederkommen.

Fenstermusik, Anna-Maria Pfotenhauer und Stefan Römer, Auf dem Balkenkamp 2, 32361 Preußisch Oldendorf, Termine unter www.musik-am-limberg.de

34 *Meine Kraftquelle*

FESTIVAL-FEELING

Ein Gefühl von Freiheit und Glück durchströmt den Körper, während man tanzt, ganz ohne feste Schrittabfolgen, einfach frei. Der Alltag ist weit weg.

Früher war das Wapelbad mal ein Freibad, dessen Becken mit dem gestauten Wasser der Wapel gefüllt war. Seit der Badebetrieb eingestellt wurde, hat man das große Areal, das von Feldern, Wiesen und ein paar wenigen Höfen umgeben ist, zu einem **Licht- und Luftbad** umgestaltet. Die Lage macht das Wapelbad zu einem beliebten Ausflugsziel im Grünen, das mit einem Beachvolleyballfeld, Spielgeräten und einem Café weitere Highlights bietet.
Zur Höchstform läuft das Wapelbad mit Beginn der Open-Air-Festivals auf. Denn dann finden dort regelmäßig Veranstaltungen wie die Wapelbeats statt. Das Deep-House-Spektakel zieht nicht nur junge Menschen magisch an, sondern auch ältere und ganze Familien. Wie, wer und wie alt man ist, ist hier egal. Denn alle sind aus demselben Grund hier: einfach mal durchzuatmen und **das Leben zu feiern.** Mit Musik und Tanz geht das besonders gut.

Für mich!
Beim Tanzen Raum und Zeit vergessen

Die warmen Strahlen der Sonne sorgen bereits im Frühjahr für sommerliches Festival-Feeling. Und so geht man direkt zur Tanzfläche, auch wenn diese am frühen Nachmittag noch nicht sonderlich voll ist. Doch worauf warten? Die Musik ist gut, sphärische Klänge treffen auf feinste Bässe, kunstvoll vom DJ an den Turntables kreiert. Man **schließt die Augen,** wiegt die Arme in der Luft und beginnt zu tanzen. Welch herrliches Gefühl es ist, ganz tief in die Musik einzutauchen, ihre Kraft und sich selbst derart intensiv zu spüren. All die kleinen und großen Alltagssorgen fliegen einfach davon.
Irgendwann ist es an der Zeit für eine **kleine Pause.** In freudiger Erschöpfung lässt man sich an einem netten Plätzchen nieder und schaut den Wolken zu, wie sie durchs Blau des Himmels ziehen. Auf der Wiese blühen Gänseblümchen. In 5 Minuten ist ein Blumenkranz fürs Haar fertig.
Nach einer kleinen Stärkung an einem der Stände geht's zurück zur Bühne. Und dann tanzt man weiter. Tanzt, bis die Sonne am Horizont versinkt.

Wapelbad, Zum Wapelbad 1,
33334 Gütersloh, www.wapelbad.de

35 *Meine Kraftquelle*

RUNDWEG MIT WEITBLICK

Kühe liegen dösend auf grünen Almen im Sonnenschein. Willkommen in der Amshausener Schweiz – einem Naturparadies mit Urlaubsflair.

Man muss nicht weit fahren, um sich wie in einer anderen Welt zu fühlen. Die **sanft hügelige Landschaft** bei Amshausen macht's möglich. Der knapp 8 Kilometer lange „Bergweltenweg" eignet sich hervorragend, um die reizvolle Region zu entdecken und lässt das Wandererherz vor Freude höherhüpfen. Ein wenig Kondition wird benötigt, denn der Rundwanderweg führt über die sieben Berge Hohe Liet, Gottesberg, Petersberg, Bußberg, Pasterkemper Berg, Emilshöhe und Jakobsberg.
Bereits von Beginn an wirkt die Szenerie wie ein Sommergemälde: Wind streift durch die Weizenfelder, Grillen zirpen. Es geht munter auf und ab, hier und da lassen sich alleinstehende Traumfachwerkhäuschen entdecken. Dann führt die gut beschilderte Route eine ganze Weile bergauf. An den schönsten Plätzen mit **Ausblick** laden Bänke zur Rast ein, man schaut auf golden leuchtende Felder und saftig grüne Hügel, die an Almen erinnern, durchzogen werden sie vom Blättermeer des Teutoburger Waldes. Kühe liegen dösend in der Sonne, zwischendurch ist ihr gemächliches Schnaufen zu hören. An **warmen Sommertagen** ist man dankbar, dass der Anstieg durch die angenehme Kühle des Waldes führt. Dann steht man auf dem Kamm des Hermannsweges und wird rechter und linker Hand immer wieder mit traumhaften Weitblicken belohnt.

Für mich!
Sich wie im Urlaub fühlen

Unterwegs wird der Boden immer sandiger. Die letzte Wacholderheide Steinhagens liegt auf dem Weg, wer im August kommt, kann ihre **violette Blütenpracht** bestaunen.
Oben, auf über 306 Metern an der Berghütte zur Schwedenschanze angekommen, hat man sich ein kühles Getränk redlich verdient. Holzbänke mit Tischen stehen auch außerhalb der Öffnungszeiten bereit. Bei klarer Sicht reicht der Blick in Richtung Norden über das Ravensberger Hügelland bis zum Wiehengebirge. Hier lässt es sich **tief durchatmen** – der Alltag ist jetzt ganz weit weg. Und darf das fürs Erste auch bleiben.

„Bergweltenweg", Start: Parkplatz an der Gaststätte Friedrichshöhe, Kaistraße 48, 33803 Steinhagen, www.teutoburgerwald.de

36 *Meine Kraftquelle*

EIN HAUCH VON FRANKREICH

Im schönen Lipperland wogen duftende Lavendelfelder im goldenen Licht der Abendsonne – willkommen in der Petite Provence!

Jedes Jahr im Sommer lässt sich im kleinen Ort Fromhausen bei Detmold ein wunderschönes Naturschauspiel der besonderen Art betrachten: Hunderttausende Lavendelpflanzen verwandeln die Landschaft in ein **lilafarbenes Blütenmeer.**

Das zieht natürlich zahlreiche Besucher an. Und so empfiehlt es sich, außerhalb von Wochenenden und Feiertagen zu kommen. Dann kann man die Atmosphäre ganz ungestört genießen. Einfach dastehen und in die Weite schauen. Jeder Windhauch lässt würzige Duftwolken von Lavendel entstehen – jetzt ist der richtige Moment, um die Augen zu schließen und ganz tief einzuatmen. Ewig könnte man hier verweilen und seine Sinne laben. Feldlerchen trällern, Schmetterlinge tanzen **von Blüte zu Blüte,** Grillen zirpen.

Für mich!
Eintauchen ins duftende Lavendelmeer

Erst wenn der Lavendel seine volle Blüte erreicht hat, wird er geerntet und zu Biolavendelöl verarbeitet. Ursprünglich startete das Familienunternehmen Taoasis den Anbau als Vorzeigeprojekt für alternative Landwirtschaft, als sich zeigte, wie gut der Lavendel im Lipperland gedieh, entstand die Idee, hochwertiges Bioöl in Detmold zu produzieren. Dies war die Geburtsstunde der **Petite Provence.**

Einen Ausflug zum nur 15 Kilometer entfernten Firmensitz, der Taoasis Natur Duft-Manufaktur mit dem Botanischen Duftgarten, empfiehlt sich. Auf dem großen Gelände können Naturfans mehr als 500.000 Pflanzen bewundern. Eine davon ist zum Beispiel die hundertblättrige Rose „centifolia“, deren **betörender Duft** einem bereits in die Nase strömt, bevor man sie sieht. Sie wird zur Herstellung von Naturkosmetik wie zum Beispiel Rosenwasser verwendet. Und dann sind da noch die anliegenden Lavendel- und Thymianfelder – eine Augenweide zur Blütezeit.

Wer zwischendurch Hunger verspürt, nimmt im Café am Duftgarten Platz. Hier gibt es belegte Baguettes, Croissants, Quiche und viele andere Köstlichkeiten. Auch ein Besuch im kleinen Duftstore lohnt sich.

TAOASIS Lavendelfelder Fromhausen, Osterbergweg, 32805 Horn-Bad Meinberg
Taoasis GmbH, Am Duftgarten 1, 32791 Lage

37 *Meine Kraftquelle*

AUSFLUG IM ESELTEMPO

Der Blick in die dunklen großen Augen öffnet das Herz, während die Hände das weiche Fell streicheln. Hier ist kein Platz für die Hektik des Alltags.

Auf dem Rosenhof in Horn-Bad Meinberg, der sich in traumhafter Alleinlage befindet, haben die Esel Alfred und Anton ihr Zuhause gefunden. Ralf Pieper und seine Partnerin Claudia Witte kümmern sich gemeinsam um ihre Tiere und bieten neben therapeutischen Angeboten und Eselwanderungen auch eine **Esel-Relax-Kuschelzeit** an.

„Anfangs habe ich mich gewundert, als ich Anfragen erhielt, ob man auch einfach so nur etwas Zeit mit den Eseln verbringen könnte", erinnert sich Ralf Pieper. Als er sah, welch **ausgleichende Wirkung** die Gegenwart der Esel auf Menschen hat, war die Idee der Esel-Relax-Kuschelzeit geboren: Wer mag, kann 1 oder 2 Stunden im Eselparadies von Alfred und Anton verbringen, Kuscheln ist erlaubt, sofern die beiden es zulassen.

Für mich!
In der Gegenwart eines Esels abschalten

Und so tritt man ein und versucht sein Glück. Als Anton ankommt und sich zutraulich ans Bein kuschelt, ist man tief gerührt und **voller Liebe** für dieses tolle Tier mit seinem weichen Fell, den dunklen großen Augen und den wunderschönen Ohren. Und auch Alfred lässt nicht lange auf sich warten. „Bei der Begegnung mit Eseln kommen selbst gestresste Großstädter ganz schnell runter", erzählt Pieper. „Es ist ein erfüllendes Gefühl, ihnen diese schöne Zeit zu ermöglichen."

Auf den Geschmack gekommen, geht's im Anschluss auf einen kleinen Spaziergang – ganz gemütlich im Eseltempo. Eine **Entschleunigung,** die direkt auf einen übergeht. Collie Finn begleitet die Runde. Auch wenn er nicht mehr viel hört, ist er mit voller Aufmerksamkeit dabei.

Unterwegs erfährt man allerhand Wissenswertes über Esel, zum Beispiel, dass sie sehr **sensible und kluge Tiere** sind und stehen bleiben, wenn ihnen eine Situation nicht geheuer ist. Gut zu wissen, dass das negative Image der Tiere mittlerweile wissenschaftlich widerlegt wurde. Sein Herz hatte man so oder so vom ersten Moment an an diese wundervollen felligen Begleiter verloren.

Rosenhof-Lippe, Zum Rosenbusch 102, 32805 Horn-Bad Meinberg,
Tel. (01 71) 8 17 33 38, www.rosenhof-lippe.com

38 *Meine Kraftquelle*

DER KLANG DES REGENS

Wenn Regentropfen auf das Blätterdach des Waldes treffen, entsteht ein wundervoller Klang. Ihm bewusst zu lauschen, ist einfach meditativ.

Es gibt Orte, bei deren Anblick man völlig in Verzückung gerät. Das Furlbachtal zählt definitiv dazu: **Verschlungene Wurzelpfade** führen durch einen märchenhaften Mischwald, der vielerorts mit harzig duftenden Nadelbäumen, saftig grünem Moosboden und Blaubeerfeldern aufwartet. All dies lässt einen unweigerlich an Sommerurlaube in Schweden denken. Und dann ist da noch dieser klare breite Bach mit dem weißen Sandbett, der sich wie von Zauberhand geschaffen durch all das Grün schlängelt. Das Furlbachtal ist einfach paradiesisch schön, kein Wunder, dass es vor allem am Wochenende zahlreiche Spaziergänger hierherzieht.

Für mich!
Ein Schlechtwettertag kann auch schön sein

Wer das Kleinod lieber für sich haben möchte, sollte bei Regen kommen, denn es gibt keinen besseren Zeitpunkt, um die Ruhe des Waldes ungestört zu genießen. Und auch die Chance, ein ganz besonderes Juwel, das hier lebt, zu Gesicht zu bekommen, ist größer, denn der smaragdgrün schimmernde **Eisvogel** ist sehr scheu.

Am besten folgt man für seine Auszeit im Regen dem etwa 7,5 Kilometer langen Wanderweg „Romantisches Furlbachtal“. Wer schmale, sich durch die Natur schlängelnde Pfade mag, ist hier genau richtig. Schritt für Schritt taucht man ein in die **herrliche Stille des Waldes,** spürt merklich, wie der Atem tiefer wird.

Ein ganz besonderer Duft liegt in der Luft: Petrichor, der Geruch von Regen. Er entsteht, wenn die Tropfen auf den Waldboden treffen und dadurch die Aromen der Erde freisetzen. Dem Geruch folgt das **Glücksgefühl.** Wissenschaftler fanden heraus, dass die Tropfen, die vom Himmel fallen, voll von negativ geladenen Ionen sind. Diese gelangen über den Atem in unseren Kreislauf und setzen dort einen Prozess in Gang, der Stresssymptome mildert.

An einer Lichtung angekommen, macht der Regen plötzlich eine Pause. Andächtig schaut man zu, wie **Nebel** dampfend aus den Wipfeln der Bäume steigt. Wie unvergesslich schön so ein Schlechtwettertag doch sein kann!

Wanderweg „Romantisches Furlbachtal“, Start: Wanderparkplatz Mittweg (gegenüber dem Wasserwerk), Mittweg 30, 33758 Schloß Holte-Stukenbrock

39 *Meine Kraftquelle*

SÜSSE GALERIE

Hausgemachte Köstlichkeiten genießen und sich von schönen Werken regionaler Künstlerinnen und Künstler verzaubern lassen.

Wenn man das **Café Künstlerei** im Bielefelder Westen betritt, findet man sich in einem urgemütlichen Wohnzimmer wieder. Zumindest auf den ersten Blick, denn da sind die abgewetzten Sofas und tiefe Couchtische mit frischen Blumen darauf. Schnell bemerkt man jedoch, dass der Name des Cafés nicht von ungefähr kommt, denn es ist gleichzeitig eine Galerie. Und so kann man auch die Gemälde und anderen Werke, die Wände und Regale zieren, käuflich erwerben.

Früher war in den Räumlichkeiten in der Turmstraße 10 eine Bäckerei ansässig, die gelben Fliesen an den Wänden sind noch ein Relikt aus dieser Zeit. Heute dient die alte Backstube im hinteren Teil des Cafés als Ausstellungsraum und so sollte man sich zwischen Kaffee und dem nächsten Kuchen unbedingt mal aus dem bequemen Sofa erheben, um auf **Entdeckungsreise** zu gehen.

Für mich!
Kaffeeklatsch mit Bildern genießen

Irmgard Wiesbrock und Anna Johanntoberens, die Inhaberinnen des Cafés, haben ein großes Herz für Kunst. So kann man bei ihnen regelmäßig wechselnde Werke regionaler Künstlerinnen und Künstler bestaunen. Darunter sind auch Exponate von Irmgard Wiesbrock selbst, sie ist Diplom-Designerin und hat sich auf Mosaikkunst spezialisiert. Auch wer auf der Suche nach besonderen **Geschenkideen** ist, wird fündig: von hübschen Trockenblumen im Glas über Möbelstücke im Stil der 1960er-Jahre bis hin zu handgenähten Accessoires – da fällt die Entscheidung schwer.

Aber bei den Kaffeespezialitäten und **hausgemachten Köstlichkeiten,** die die kleine Karte bietet, möchte man sowieso erst mal noch eine ganze Ewigkeit hier verweilen. Alle Lebensmittel, die Anna Schierenbeck und ihr Team verwenden, stammen nach Möglichkeit aus der Region und haben Bioqualität. Der Schoko-Mandel-Kuchen zählt zu den Klassikern des Cafés, genauso wie das heißbegehrte Seelenfrühstück, das immer am ersten Sonntag des Monats angeboten wird. Wer es genießen möchte, sollte vorab reservieren.

Café Künstlerei, Turmstraße 10, 33615 Bielefeld,
Tel. (05 21) 38 49 99 40, www.cafe-kuenstlerei.de

KÜNSTLEREI SPEISEKARTE

40 *Meine Kraftquelle*

INS GRÜN ABTAUCHEN

Nach Feierabend möglichst schnell abschalten – das wünschen sich viele. Beim meditativen Kräutersammeln gelingt's besonders gut.

Endlich ist Feierabend! Also Laptop zugeklappt, Papiertüte eingepackt und raus geht's. Im Grün angekommen, bleibt man am besten erst einmal stehen, schließt die Augen und nimmt ein paar Atemzüge. Danach fällt es viel leichter, sich auf das, was am Wegesrand oft unbemerkt bleibt, einzulassen: **köstliche Wildpflanzen und -kräuter** mit teilweise heilenden Eigenschaften. „Die wichtigste Regel ist, dass man nur sammelt, was man zu 100 Prozent bestimmen kann", sagt Kräuterexpertin Katharina Hinze, die seit mehr als zehn Jahren regelmäßig geführte **Kräuterwanderungen** anbietet. „Denn auch hier in Ostwestfalen-Lippe wachsen einige giftige Pflanzen, die manch essbaren zum Verwechseln ähnlich sehen." Als Neuling solle man sich daher lieber erst mal auf drei bis fünf gut zu erkennende Kräuter oder Wildpflanzen konzentrieren, rät sie. Das Sammeln in Naturschutzgebieten ist verboten und auch die Umgebung gespritzter Felder oder typische Hunde-Gassi-Gehstrecken sollte man meiden.

Für mich!
Altes Kräuterwissen neu für sich entdecken

Den Blick auf den Boden gerichtet, wandelt man **Schritt für Schritt,** um ja nichts zu verpassen. Blüten, Blätter- und Stielformen, die verschiedenen Grünschattierungen – all das ist jetzt wichtig – und nichts anderes. Hier und da werden Blätter zwischen Fingern zerrieben und der **würzige Duft** inhaliert, der dabei entsteht. „Beim Sammeln bin ich oft in Meditation, da bin ich nur da und dankbar für die Schätze", sagt Hinze. Eine Faszination, die ansteckend ist. Statt allerlei Grün sieht man plötzlich Goldnesseln, Gundermann, Klettlabkraut, Knoblauchrauke und Co. und fragt sich, warum man so eine Wildkräuterwanderung nicht schon viel eher gemacht hat.
Zuhause lassen sich aus dem, was man gefunden hat, **zahlreiche Köstlichkeiten** zubereiten. Ein Tee aus Brombeerblättern, eine Brennnessel-Tarte oder eine Kartoffelcremesuppe garniert mit Bärlauchblüten zum Beispiel. Einfach köstlich!

Kräuterführung mit Katharina Hinze,
Start: Werburg, 32139 Spenge, www.katharinahinze.de

Gesunde Gaumenfreuden

Gesundes kochen

KULINARISCHE TIPPS EINER KRÄUTEREXPERTIN

Essbare Wildkräuter gibt es eigentlich fast überall zu entdecken. Doch allzu oft bleiben diese kleinen und großen Wunder der Natur am Wegesrand ungesehen. Denn nicht mehr allzu viele Menschen wissen, was sich aus ihnen so allerlei Köstliches und Nutzwertiges herstellen lässt. Dabei sind Brennnessel, Brunnenkresse und Co. gesunde **High Potentials,** die nur darauf warten, (neu) entdeckt zu werden. Als Pesto, in Salaten, als Sirup oder für die Hausapotheke – Kräuterexpertin Katharina Hinze kennt zahlreiche tolle Rezepte.

Zwei Pflanzen mit viel Potenzial

Brennnessel

Die Brennnessel ist ein wahres **Allroundtalent für die Gesundheit,** sie steckt voller wertvoller Vitamine und Mineralstoffe, dazu zählen die Vitamine C, B und K sowie Kalium, Kalzium und Kieselsäure. Außerdem enthält die Heilpflanze viel Eiweiß, was sie für Sportler und Sportlerinnen interessant macht. Die in ihr enthaltenen Flavonoide haben eine entwässernde und harntreibende Wirkung, daher kommt sie unter anderem bei Blasenentzündungen zum Einsatz. Dank ihrer stoffwechselfördernden und entschlackenden Eigenschaften eignet sich die Brennnessel auch perfekt für eine Detox-Frühjahrskur.

Rezept: Gründonnerstagssuppe
Zutaten: 1 Handvoll neun junger Wildkräuter (zum Beispiel Brennnesselspitzen, Wiesen- oder Klettlabkraut, Gierschblättchen, Bärlauch, Gänseblümchen, Löwenzahnblätter, Brunnenkresse, Vogelmiere, Gundermannblättchen), 1 Zwiebel, 1 EL Mehl, 2 EL Öl, 1 L Gemüsebrühe, Salz, Pfeffer
Zubereitung: Wildkräuter in eine Schale geben. Die Zwiebel in 2 EL Öl andünsten. Mit einem Schneebesen 1 EL Mehl einrühren. Mit 1 Liter Gemüsebrühe langsam unter Rühren ablöschen. Die gewaschenen Kräuter zugeben und 5 Minuten garen. Das Ganze pürieren und mit Salz und Pfeffer abschmecken und einen Schuss Sahne dazugeben.

Kletten-Labkraut
Die heimische Wildpflanze wirkt kräftigend und entschlackend. Sie unterstützt das Nieren-Blasensystem, hat eine reinigende Wirkung auf das Lymphsystem und stimuliert das Immunsystem. Ein starker Tee aus Kletten-Labkraut oder der frische Saft kann unter anderem zur Behandlung von Wunden, Ekzemen, Schuppenflechte oder schuppiger Kopfhaut verwendet werden.

Rezept: Detox-Smoothie mit Kletten-Labkraut
Zutaten: 1 Kiwi, 1 Orange, 1 Banane, 1 Avocado, 1 Pfirsich (kann auch weggelassen oder durch eine reife Mango ersetzt werden), Saft einer halben Zitrone, 1 gute Handvoll Kletten-Labkraut
Zubereitung: Obst (wo nötig) schälen, entkernen und in grobe Würfel schneiden. Nach Bedarf Wasser hinzufügen und alles im Mixer gründlich zerkleinern und sofort genießen.

Hinweis: Wildkräuter dürfen nur gesammelt und verwendet werden, wenn man sie 100-prozentig bestimmen kann. In Naturschutzgebieten ist das Sammeln verboten.

41 *Meine Kraftquelle*

IM BÜCHERHIMMEL

Umgeben von Tausenden Büchern sitzt man da. Sie laden zum Lesen und Eintauchen in andere Welten ein. Ein Genuss, nicht nur an Schlechtwettertagen.

Bibliotheken haben eine ganz besondere Atmosphäre. **Herrlich ruhig** ist es hier. Abgesehen vom regelmäßigen Wenden von Papierseiten und leisem Gemurmel in der Ferne, ist nichts zu hören. Und dann sind da all die imposanten meterlangen Regale, die nahezu unendlich viele Bücher beherbergen. Hinter jedem einzelnen Buchdeckel verbirgt sich eine fremde Welt, in die man eintauchen kann.

Das macht Bibliotheken zu einem Paradies für Liebhaber von **schönen Geschichten** und zu einem perfekten Versteck, das einem eine Auszeit vom Alltag gewährt. Ihrer einzigartigen Atmosphäre ist es auch zu verdanken, dass Bibliotheken oder Buchhandlungen ein beliebter Schauplatz von Buch- und Filmszenen sind: So entdeckt der junge Bastian Balthasar Bux das geheimnisvolle Buch „Die unendliche Geschichte" in einer Buchhandlung. Der Beginn eines fantastischen Abenteuers. Bei Harry Potter ist die Bibliothek einer der zentralen Handlungsorte der Zauberschule Hogwarts.

Für mich!
In geheimnisvolle Welten abtauchen

Gönnt man sich eine **Leseauszeit** in der Stadtbibliothek Bielefeld, hat man die Wahl zwischen 360.000 Medieneinheiten. Darunter sind Tausende Bücher, mit denen man sich in die verschiedensten Welten begeben kann. Romane, Bücher zu Philosophie, Biologie, Gesundheit, Geschichte, Musik, Theater, Film, Reise oder Kunst ... Hier ist für jeden was dabei.

Zahlreiche Tische und Stühle laden zum Lesen ein. Zwischen all den Bücherregalen sieht man hier und da verstreut Menschen jeden Alters, tief in ein Buch versunken, sitzen. Wohin sie in Gedanken wohl gerade reisen? An diesem geschützten, nahezu **magischen Ort** scheint alles möglich.

Macht sich zwischendurch der kleine Hunger bemerkbar, gönnt man sich eine der **Köstlichkeiten im Literaturcafé** nebenan, das praktischerweise direkt über einen Zugang aus der Bibliothek erreicht werden kann. Ein wunderbarer Abschluss für das entspannte Lesevergnügen.

Stadtbibliothek Bielefeld,
Neumarkt 1, 33602 Bielefeld

BROCK HAUS
ENZYKLOPÄDIE
PILCHER
COMING HOME
Handbuch des Geigenunterrichts
Klavier Klavierspiel Improvisation
KAMMER MUSIK FÜHRER
STEPHEN KING
Potter
WAGNER
EUGEN RUGE
K. L. GOING
Tintentod
CORNELIA FUNKE
DOLMEN
STEPHEN KING

42 *Meine Kraftquelle*

DURCH WALD UND ÜBER WEIDE

Ein Wald, in dem wilde Pferde und Rinder leben? Klingt sagenhaft. Bei dieser Wanderung kann man ihn entdecken – und seine Bewohner mit etwas Glück auch.

Einst weideten Auerochsen, Wisente und Wildpferde in unseren Wäldern. Dass sie Gehölze fraßen und Trampelpfade hinterließen, machte sie zu wichtigen **Landschaftsgärtnern.** Denn so entstanden Lichtungen, die lichtliebenden Tier- und Pflanzenarten einen Lebensraum bieten – ein intaktes, artenreiches Ökosystem.
In der Wistinghauser Senne in Oerlinghausen lässt sich erahnen, wie dieses Zusammenspiel der Natur einmal ausgesehen haben mag. Hier wurden im Rahmen des Naturschutzgroßprojekts Senne vor einigen Jahren Schottische Hochlandrinder und Exmoor-Ponys angesiedelt, um die **malerisch schönen Heide- und Sennelandschaften** zu erhalten.
Wer sich auf die etwa 9 Kilometer lange „Ochsentour" begibt, kann tief in das spannende Naturschutzprojekt eintauchen. Frühmorgens hat man den Wanderweg, der sich teils direkt durch die **Waldweiden** der Hochlandrinder schlängelt, ganz für sich allein.

Für mich!
Beim Wandern viel über die Natur lernen

Los geht's am sehenswerten Archäologischen Freilichtmuseum Oerlinghausen. Voller Vorfreude geht man den Weg in den Wald hinauf. Die kühle Herbstluft strömt in die Lungen, Tautropfen glitzern im Licht der **Morgensonne,** ein süßlicher Duft von Springkraut liegt in der Luft. Rechter Hand lässt sich bald der Blick auf die Bergstadt Oerlinghausen erhaschen. Eine **wunderbare Weitsicht** auf die hügelige Umgebung bieten kurz darauf auch die Wellenliegen, im Spätsommer werden sie von violett blühender Heide umrahmt. Nach einigen Kilometern auf sandigem Senneboden passiert man den ersten Weidezaun, ab jetzt fühlt sich die Wanderung ein wenig wie eine **Safari** an. Suchend wandert der Blick durch die Landschaft, versucht zwischen all dem Grün die ersehnten Tiere auszumachen. Dann ist es endlich so weit: Etwa 100 Meter entfernt weidet eine kleine Herde Schottischer Hochlandrinder, ganz ruhig und gemächlich. Zeit, sich im sicheren Abstand niederzulassen und ihre **friedliche Aura** zu genießen, die unmittelbar auf einen übergeht.

Wanderweg „Ochsentour", Start: Parkplatz Archäologisches Freilichtmuseum Oerlinghausen, Am Barkhauser Berg 2-6, 33813 Oerlinghausen

43 *Meine Kraftquelle*

ENTSPANNT IM MOOR

Beim Baden erlebt man die heilende Wirkung des Moores auf besondere Weise. Ein wenig fühlt es sich an, als sei man in den Boden eines Waldes getaucht.

Entgiftend, entschlackend und mineralisierend – das sind nur einige von vielen **gesundheitsfördernden Eigenschaften,** die dem Moor zugeschrieben werden. In Kombination mit Wärme soll es unter anderem Stoffwechselvorgänge ankurbeln, das Hautbild verschönern, die Durchblutung anregen und ausgleichend auf das vegetative Nervensystem wirken. Na dann, mal her, mit dem „Schwarzen Gold"!

Im Gräflichen Park haben Moorbäder seit mehr als 200 Jahren Tradition. Wertvolle Pflanzenteile aus der Natur des Teutoburger Waldes, die sich über Jahrzehnte zersetzt haben, verleihen dem Bad Driburger Schwefelmoor seinen Reichtum an heilenden Wirkstoffen. Wer durch den wunderschönen, 64 Hektar großen **Landschaftspark** wandelt, kann im nordöstlichen Teil die fünf Moorteiche bestaunen, deren Torf für die **Moorbäder** und Moorpackungen verwendet wird. Nachhaltigkeit spielt dabei eine große Rolle: Zur Regeneration wird der Torf mindestens sieben Jahre in den Moorteichen des Gräflichen Parks gelagert und erst dann wiederverwendet.

Für mich!
Mit dem Moor auf Tuchfühlung gehen

Im Historischen Badehaus wartet dann ein besonderes Erlebnis in Form einer mit Moor und warmem Wasser befüllten Badewanne. Kleider aus und eingestiegen. Neugierig ertastet man das, in dem man liegt: Kleine Fragmente aus Stöckchen, Laub und Sand sind deutlich fühlbar. Ein leicht erdiger Duft unterstreicht die **Assoziation von Waldboden.** Dann ist's an der Zeit, die Augen zu schließen und zu genießen.

Nach dem Moorbad wird man von einer Therapeutin per Wasserstrahl gereinigt und in ein großes Handtuch und viele Decken gewickelt. Nachruhen heißt es nun – und das 20 Minuten lang. Wer das Große Moorpaket gebucht hat, darf sich im Anschluss noch auf eine entspannende Massage freuen. Sie lockert die letzten Verspannungen, die es hier und da vielleicht noch gibt. Willkommen im **Wellnesshimmel,** am Ende der Behandlung fühlt man sich wie neugeboren.

Gräflicher Park Health & Balance Resort, Brunnenallee 1, 33014 Bad Driburg, Tel. (0 52 53) 9 52 30, www.graeflicher-park.de

LEUCHTENDE FARBEN

Gold leuchtende Getreidefelder, prächtige Sonnenblumen – ein Ausflug nach Arrode ist vor allem im Spätsommer ein Traum.

Radelt man Richtung Werther, werden einem im Spätsommer und Herbst hier und da strahlend gelbe Sonnenblumenfelder am Wegesrand begegnen. In Arrode – einem Ortsteil von Werther – haben sie eine ganz besondere Bedeutung: Hier wurde 1889 der Maler Peter August Böckstiegel geboren. Die **Schönheit seiner westfälischen Heimat** hat den Expressionisten sehr fasziniert, das zeigt seine Vorliebe für Motive aus der unmittelbaren Umgebung seines bäuerlichen Elternhauses. Den Sonnenblumen hat er gleich mehrere Gemälde gewidmet. So pastos wie Böckstiegel die Ölfarbe auftrug, kommt ihre flammend gelbe Pracht besonders gut zur Geltung.

Für mich!
Gute Laune zum Mitnehmen

Im Museum, das sich neben dem Geburtshaus von Böckstiegel in Arrode befindet, lassen sich zahlreiche dieser Gemälde bestaunen. Wer sich mit seinem Werk vertraut macht, wird schnell erkennen, dass Böckstiegel von der **Malweise van Goghs** sehr angetan war. Sogar seinen Sohn benannte er nach dem Mann, der ihn derart inspirierte. Und so trägt passenderweise auch das Café am Museum diesen schönen Namen: Vincent. Unter weißen Sonnenschirmen lassen sich hier mit herrlichem Ausblick auf Felder, Wiesen und das mit farbenfrohen Schnitzereien und Mosaiken verzierte, rote Böckstiegel-Haus allerlei **köstliche Torten** genießen.

Im Anschluss lohnt sich ein Stopp an einem Blumenfeld zum Selbstpflücken. Es befindet sich nicht unweit des Cafés – an der Schlossstraße, Ecke Walterstraße und wird vom Biobauern Maaß bewirtschaftet. Gegen eine kleine Gebühr können hier schöne Sommerblumen auf Vertrauensbasis gekauft werden. Sonnenblumen sind natürlich auch dabei.

An grauen Wintertagen wirkt ein Besuch des Museums wie ein Stimmungsaufheller: Beim Betrachten der spektakulären Meisterwerke gerät man in einen **Rausch der Farben,** der einfach gute Laune macht. Abgerundet wird der Wohlfühlausflug mit einer heißen Schokolade im Café.

Museum Peter August Böckstiegel und Café Vincent, Schloßstraße 109/111, 33824 Werther (Westfalen), www.museumpab.de

45 *Meine Kraftquelle*

MEERESFEELING PUR

Lust, fernab vom Alltag in eine magische Traumwelt abzutauchen? In dieser heimeligen Höhle voller funkelnder Salzkristalle gelingt das besonders gut.

Wer **Sehnsucht nach Meer** hat, muss nicht weit fahren. In Jöllenbeck, einem Stadtteil im Norden Bielefelds, lädt ein ganz besonderer Ort zu einem Kurztrip mit maritimer Brise ein. 2017 hat Nicole-Vera Reinert ihre Salzgrotte eröffnet; und die erfreut sich großer Beliebtheit.

„Wir arbeiten hier mit der sogenannten Halotherapie", erklärt Nicole Reinert, „das bedeutet, dass die Luft in der Salzgrotte mit mikroskopisch kleinen Salzpartikeln angereichert wird. So können die gesundheitsfördernden **Mineralien und Spurenelemente** besonders gut über die Atmung und Haut aufgenommen werden. Dazu zählen unter anderem Magnesium, Jod, Kalzium, Zink und Kupfer." Zu bestimmten Terminen bietet die geprüfte Fachpraktikerin für Massage, Wellness und Prävention in Kombination mit diesem wohltuenden Mikroklima unter anderem auch Detoxmassagen, Atemtrainings oder Klangschalenerlebnisse an.

Für mich!
Durchatmen in der Salzgrotte

Als Reinert die Tür zur Salzgrotte öffnet, fällt der Blick zuerst auf das hübsch beleuchtete Gradierwerk. Leise plätschernd rieselt das **Solewasser** an den Schwarzdornzweigen hinab. Einfach magisch mutet die Atmosphäre des Raumes an: Die Wände sind großflächig mit glutfarbenen Salzsteinen verkleidet, der Boden besteht aus glitzernden weißen Salzkristallen, die aussehen, als seien sie aus Eis. Unmittelbar muss man an das Schloss der Schneekönigin oder andere märchenhafte Orte denken.

Zeit, es sich in einem der Liegestühle bequem zu machen. Dann wird man von Reinert mit kuschlig weichen Decken warm eingepackt. Wer mag, bekommt noch eine **Wärmflasche** auf den Bauch oder die Füße gelegt. Herrlich geborgen fühlt man sich in dieser „Höhle".

Das sanfte Meeresrauschen im Hintergrund, dazu der funkelnde Sternenhimmel ... Alles lädt zum **Wegträumen** ein. Sind die Augen erst geschlossen, sieht man sich an einem Strand sitzen, schmeckt das Salz auf den Lippen, genießt die Weite des Meeres und atmet sich frei – bis zum Horizont.

Salzgrotte Jöllenbeck, Dorfstraße 28, 33739 Bielefeld,
Tel. (0 52 06) 9 18 42 22, www.salzgrotte-jöllenbeck.de

Salz liegt in der Luft

Salz tut gut

DIE HEILKRAFT DER SOLE NUTZEN

Das beruhigende Rauschen der Wellen, die wunderbare Weite und der wilde Wind, der den Alltag davonfliegen lässt – es gibt viele Gründe, warum wir unseren Urlaub gerne am Meer verbringen. Und dann ist da noch das gesunde Reizklima, das vor allem unseren Atmungsorganen und der Haut guttut. Dass dieses Klima so heilsam ist, liegt daran, dass das Meer die Luft mit Salzen, Jod, Magnesium und Spurenelementen anreichert. Diese **maritimen Aerosole** nehmen wir über die Atmung auf. Und so wirkt schon ein kurzer Strandspaziergang wie eine Inhalation.

Zum Glück müssen wir nicht bis ans Meer fahren, um ein besonderes Heilklima zu genießen. Auch bei uns in Ostwestfalen-Lippe ist das möglich, denn hier liegt vielerorts ein ganz besonderer **Schatz in der Tiefe:** Sole. Dabei handelt es sich um gelöstes Salz, das als Heilmittel auf ganz verschiedene Weise wirkt. Sole hat einen hohen Gehalt an Mineralsalzen, dazu zählen Jod, Radon oder Sulfur.

Wegen ihrer gesundheitsfördernden Eigenschaften wird Sole unter anderem zur Stärkung des Immunsystems und des Kreislaufs genutzt. Aber auch bei Atemwegserkrankungen, Stoffwechselstörungen und Hautkrankheiten kommt sie zum Einsatz.
Die Heilkraft der Sole lässt sich auf sehr vielfältige Weise genießen. Je nach Anwendungsgebiet kann sie als **Trinkkur, Inhalation oder Bad** angewendet werden. Solebäder sollen entspannend wirken, die Gelenke entlasten und den Kreislauf anregen. Damit dieser therapeutische Effekt gegeben ist, muss der Salzgehalt des Wassers bei mindestens 1,5 Prozent liegen, das entspricht 15 Gramm Salz pro Liter Wasser. Im Vergleich: Die Nordsee enthält rund 3 Prozent Salz.
Je höher der Salzgehalt, desto höher ist auch der Auftrieb. Ein Effekt, den man ebenfalls im Toten Meer erleben kann, dessen Salzgehalt bei 30 Prozent liegt. Wer nicht bis nach Israel, Jordanien oder zum Westjordanland reisen möchte, um dieses beeindruckende Gefühl zu genießen, findet in manchen Thermalbädern die Gelegenheit: Beim Aquafloating (Schweben in Thermalsole) fühlt man sich fast schwerelos. Dazu gibt's sanfte Unterwasserklänge auf die Ohren – ein rundum entspannendes Erlebnis.

Zwei besondere Orte für deine Sole-Auszeit

Fast wie am Meer – ein Spaziergang in Bad Salzuflen

Die Salzufler Gradierwerke zählen zu den größten Deutschlands. Sie dienen als riesiges Freiluftinhalatorium, durch das du kostenlos spazieren gehen kannst.
Rund 600.000 Liter Sole rieseln täglich über mächtige Schwarzdornwände, dabei zerstäuben sie zu feinstem Solenebel, wodurch ein meeresähnliches Klima entsteht.

Gesundheit to go – kleine Trinkkur in Bad Oeynhausen

Auch in Bad Oeynhausen gibt es natürliche Mineral- und Solequellen. Im Kurpark kannst du in der architektonisch beeindruckenden Trink- und Wandelhalle das Heilwasser aus dem Wittekind-Brunnen II kostenlos verkosten. Es ist reich an Natrium, Calcium, Chlorid und Sulfat.

ZIEMLICH ZAUBERHAFT

Rankende Rosen, weiße Brücken und ein Wasserschloss – was braucht es mehr für den Start in einen märchenhaften Tag?

Allein der Weg zum **Wasserschloss** ist ein Gedicht: Ein liebevoll restauriertes Fachwerkhäuschen reiht sich an das andere, wenn man die idyllische Altstadt von Rheda passiert. Wenige Hundert Meter weiter erreicht man die Schlossstraße und den dazugehörigen Park. An der Orangerie ist's besonders hübsch und so setzt man sich an einen der Holztische mit Bänken, im angenehmen **Schatten der Kirschbäume.** Was für ein wundervoller Ort. Besonders malerisch muss es zur Obstblüte sein, wenn weiße Kirschblüten das elegante neoklassizistische Bauwerk umrahmen. Seit 2006 darf das Trauzimmer der Orangerie auch von „Bürgerlichen" genutzt werden – und so zählt sie zu den schönsten Hochzeitslocations in Ostwestfalen.

Für mich!
Träumend durch den Park spazieren

Außerhalb dieser Feierlichkeiten findet man an der Orangerie eine **Oase der Ruhe,** vor allem, wenn man sie in den Morgenstunden aufsucht. Freudig lauscht man dem leisen Plätschern des kleinen Springbrunnens und zelebriert dieses lauschige Plätzchen, das zum Lesen und Träumen einlädt, auf seine Weise. Im Anschluss bietet sich ein Spaziergang durch den Schlossgarten Rheda an. Trauerweiden mit Ästen so tief, dass sie in die Teiche eintauchen, weiße Brücken, die ins Grün führen – dieser Ort ist einfach **hoffnungslos romantisch.**
Ein imposantes Wasserschloss gibt es auch – es wird noch heute von der Fürstenfamilie Bentheim-Tecklenburg bewohnt. In die historischen Räume und das Kutschenmuseum können Interessierte bei einer Schlossführung einen Einblick erhalten.
Wer Natur liebt, sollte sich das angrenzende, 26 Hektar große Naturschutzgebiet Erlenbruch und Schlosswiesen Rheda nicht entgehen lassen. Das darin liegende Sumpfgebiet ist ein Paradies für teils sehr seltene Vögel und Pflanzen. Auf einer der zahlreichen Bänke Platz genommen, lässt es sich wunderbar in die Atmosphäre des **verwunschenen Waldes** eintauchen. Welch schöner Abschluss für diesen zauberhaften Ausflug.

Schlosspark Rheda, Steinweg 16,
33378 Rheda-Wiedenbrück

47 *Meine Kraftquelle*

FARBTUPFER IM ALLTAG

Behutsam setzt man die Farbe mit dem Pinsel aufs Papier und beobachtet gespannt, welchen Verlauf sie nimmt, völlig vertieft in das, was hier entsteht.

Es kann nie schaden, dem Alltag **mehr Farbe** zu schenken. Im Atelier von Victoria Jones trifft man auf Gleichgesinnte: „Jeder kann malen“, lautet das Credo der hauptberuflichen Kunstlehrerin, die seit 2021 Aquarellkurse für Anfängerinnen und Anfänger anbietet. Wichtig sei es, sich von der starren Vorstellung zu lösen, dass dabei immer etwas entstehen muss, das man aufhängen kann, so Jones. „Erst als ich das verstand, kam die **Freude** auf“, erzählt sie. Ein guter Einstieg in den Abend, der jeglichen Druck durch die eigenen Erwartungen direkt verfliegen lässt.

Heimelig fühlt man sich vor Ort sofort, denn die alte Scheune, in der sich das kleine Atelier befindet, wurde mit viel **Liebe zum Detail** ausgebaut. Hier finden maximal zehn Personen Platz – ein kleiner, intimer Rahmen, der wunderbar zum Titel des Kurses passt: „Malen mit neuen Freunden“. Regelmäßig lädt Victoria Jones Interessierte hier zu einem Spaziergang durch die Jahreszeiten in Aquarell ein. Denn jede Jahreszeit bietet spannende Motive. An diesem Oktoberabend stehen **Herbstblumen** in typischen gedeckten Farben und Blattwerk auf dem Programm. Doch zuerst wird mit einem Gläschen Sekt angestoßen, um vom tagtäglichen Trubel abzuschalten.

Für mich!
Mit Pinsel und Farbe gegen den Blues

Schritt für Schritt führt Victoria Jones in die überraschende Bandbreite der Aquarellfarben ein. Anhand von kleinen Aufgaben lernt man Pinsel, Papiere, Farben und Maltechniken kennen. Rot, Gelb und Blau – mehr braucht es nicht, damit ein **stimmungsvolles Herbstbild** entstehen kann. Denn aus diesen sogenannten Primärfarben lassen sich alle Farben mischen.

Bei jedem neuen Malprojekt wird man mutiger, geht auf in dem **sinnlichen Erlebnis** des Farbauftrags. Am Ende des Abends sind viele erste eigene Werke wie Grußkarten, Lesezeichen oder auch Bilder zum Aufhängen entstanden, die sich wunderbar als kleine und große Geschenke für Familie und Freunde eignen.

Malen mit Freunden, Victoria Jones, Kavallerieweg 7, 33104 Paderborn, Tel. (01 76) 56 89 46 43, www.malen-mit-freunden-paderborn.de

48 *Meine Kraftquelle*

SONNENGRUSS IM PARK

Was gibt es Schöneres, als die Dinge, die man liebt, endlich wieder unter freiem Himmel zu tun? Auf zur Yogastunde im Park! Glücksgefühle inklusive.

Es ist noch recht kühl an diesem Sonntagmorgen im März. Doch die Strahlen der Sonne haben schon Kraft. Nach und nach trudeln die ersten Menschen ein, um hier gemeinsam bei einer Yogastunde im Park eine neue Zeit einzuläuten. Die des Erwachens und des Neubeginns. Sie alle sind gekommen, um den **Frühling** zu begrüßen. Es ist das erste Mal Yoga im Park in diesem Jahr. Jeder ist dankbar, dass das Wetter so wunderbar mitspielt. Die Atmosphäre ist freudig und freundlich.
Im Bürgerpark in Bielefeld gilt das Motto „Betreten der Rasenfläche erwünscht“– das ist sicher ein Grund, warum er so beliebt ist. Doch auch die Nähe zur Universität spielt eine Rolle. Mehr als 100 Jahre ist es mittlerweile her, dass der Bürgerpark entstand, und so findet man hier auch alte, hochgewachsene Bäume, die im Sommer **angenehmen Schatten** spenden. Diesen sucht man heute nicht, im Gegenteil. Kurz umgeschaut erscheint der Platz vor dem Magnolienbaum am schönsten. Aus der Rückenlage schaut man von hier hinein in das **Blau des Himmels,** das einen Vorgeschmack auf den Sommer gibt. Davor schaukeln die zartrosa Knospen, die kurz davor sind, sich zu prächtigen Blüten zu entfalten. Vögel zwitschern, Kinder lachen. Nicht alle Yogabegeisterten sind allein gekommen, manche haben ihre ganze Familie mitgebracht. Mittlerweile haben alle ihren Platz gefunden. Das Event kann beginnen. Yogalehrer Robin begrüßt die Runde und startet mit einem dreifachen „Ommm“. Es geht von Sonnengrußvariante A zu Sonnengrußvariante B, von der Katze in die Kuh ...
Hier draußen im Grünen ist **alles im Fluss** und man selbst mittendrin. Es macht glücklich, zwischendurch das Rauschen des Windes in den Wipfeln zu hören und seine Kühle auf der Haut zu spüren. Fast hätte man über den langen Winter vergessen, wie schön es ist, **Yoga in der freien Natur** zu praktizieren. Nach der letzten Asana entfaltet sich ein entspanntes äußeres und inneres Lächeln, das man mit sich nach Hause nimmt.

Für mich!
Einatmen,
ausatmen,
Ommm

Bürgerpark, 33615 Bielefeld, Yoga im Park zum Beispiel über www.crossout.de, www.sportbund-bielefeld.de

POC

49 *Meine Kraftquelle*

DEM MYTHOS AUF DER SPUR

Sehnsucht nach Skandinavien? Bei dieser abwechslungsreichen Route darf man sich auf schmale Waldpfade, magische Orte und weite Blaubeerfelder freuen.

Der besonderen Magie, die die 13 zerklüfteten Felsen ausstrahlen, kann sich kaum jemand entziehen. Seit Jahrtausenden sind sie eine Kultstätte für verschiedenste Menschen. Besucht man die Externsteine zum Beispiel zur **Sommersonnenwende** oder Walpurgisnacht, lässt sich ein ganz besonderes Treiben beobachten. Denn dann versammeln sich hier allerlei Hexen, Druiden und andere „fabelhafte Wesen", um gemeinsam zu feiern. Ein **wunderschöner Wanderweg,** bei dem dieses steinerne Highlight auf der Strecke liegt, ist die „Blaubeerroute". Sie führt auf etwa 6 Kilometern um die Externsteine herum und wartet mit zahlreichen weiteren Highlights auf: Knorrige alte Eichen, die märchenhaft anmuten, unterhalb des Weges schlängelt sich munter plätschernd ein Bach. Dazu ertönt ein vielstimmiges Vogelkonzert.

Für mich!
Einen Ort wie aus einer anderen Welt besuchen

Und dann sind sie plötzlich zu sehen, diese bizarren Felsformationen, die jährlich rund 500.000 Besucherinnen und Besucher in ihren Bann ziehen. Andächtig staunend steht man da, kann sich der **Magie dieses Kraftortes** kaum entziehen. Weiter geht's, und je weiter man sich von den Externsteinen entfernt, desto ruhiger wird es. Oben auf dem Kamm angekommen, wechselt die Vegetation. Laub- wird zu Nadelwald, rechts und links des Pfades entdeckt man bereits die ersten **Blaubeersträucher,** die diesem Wanderweg ihren Namen gaben. Linker Hand taucht ein einzelner Fels auf, aus dem – wie von Zauberhand – kleine Nadelbäume wachsen. Hier scheint alles möglich, und so wundert es nicht, dass sich am Fuße des Felsens eine Art Wunschbaum befindet, an den zahlreiche Menschen allerlei farbenfrohe Bänder, Zettel und Gegenstände gehängt haben. Dann wird die Landschaft wieder offener. Blaubeerteppiche treffen auf Birken – eine Vegetation, die an Skandinavien erinnert und **Urlaubsgefühle** aufkommen lässt. Zeit für eine kleine Pause auf der hölzernen Wellenliege mit Blick auf die Bergheide und die dort weidenden Schafe.

„Blaubeerroute", Start: Parkplatz Externsteine,
Externsteiner Straße 33, 32805 Horn-Bad Meinberg

50 *Mein Tag Urlaub*

HYGGELIGE AUSZEIT

Knisternd lodert das Feuer im Kamin. Im weichen Bademantel genießt man das wohlige Gefühl nach dem Saunagang – ein perfekter Urlaubstag!

Besonders an kalten Wintertagen sehnt man sich nach Gemütlichkeit. Nach einem Ort, der ganz anders ist und die Sorgen des Alltags vergessen lässt. Wie wäre es mit einem Kurzurlaub in Finnland? **Kleine Holzhütten** mit moosbewachsenen Dächern, die an einem kleinen See im Grünen stehen, ein Ruheraum mit knisterndem Kaminfeuer ... Im VitaSol findet man genau das. Und noch mehr. Denn in der Therme laden auch zahlreiche mit Thermalsole gefüllte Becken zum Verweilen und Entspannen ein.
Auf geht's: Kleider ausgezogen, unter die Dusche gehüpft, Handtuch umgeschlungen. Als Erstes steht ein Besuch in der **Seesauna** an. Beim Eintreten duftet es noch ein wenig nach dem letzten Aufguss, Noten von Waldluft. Hitze schlägt einem entgegen, der Saunaofen knackt. Durch das große Fenster schaut man direkt auf den Naturbadeteich und die anderen Holzhütten. Plötzlich ist man gefühlt mitten in Skandinavien.
Es wird zu heiß, Zeit, rauszugehen. Eine kurze kalte Dusche bringt den Kreislauf auf Trab. Wer mag und gesund ist, kann sich nun noch im Naturbadeteich erfrischen, in den eine Treppe hinabführt. Erst fühlt es sich an wie 1000 Nadelstiche, kaum zu ertragen. Doch dann folgen die **Glückshormone,** die durch den Kälteschock freigesetzt werden. Man möchte jubeln, lachen und muss grinsen vor Glück.
In den warmen Bademantel eingekuschelt, setzt man sich noch einen Moment auf die hölzerne Bank vor der Hütte. Die Vögel geben ein **Abendkonzert.** Der Blick wandert von der sich kräuselnden Oberfläche des Wassers zu den Wipfeln der Bäume, hinter denen sich der Himmel langsam orange färbt.
Dann macht man es sich drinnen mit einem schönen Buch und einem Fußbad gemütlich. Mit etwas Glück findet sich eine Liege mit Blick auf den **lodernden Kamin.** Zum Abschluss dieses Wohlfühltages lässt man sich eine Weile im Floating Becken treiben und lauscht der Unterwassermusik.

Für mich!
Mit Feuer und Wasser entspannen

VitaSol Therme, Extersche Straße 42,
32105 Bad Salzuflen, Tel. (0 52 22) 80 75 40, www.vitasol.de

Entspannt ins Schwitzen kommen

Saunieren macht glücklich

WARUM SAUNIEREN SO GESUND IST

Je kälter und ungemütlicher es draußen ist, umso verlockender scheint ein Saunabesuch. Die Wärme, das flackernde Feuer des Kaminofens, der würzige Duft von ätherischen Ölen und Holz ... In diesem Ambiente gelingt es ganz einfach, Entspannung zu finden und den Stress des Alltags zu vergessen.
In Finnland ist Saunieren anerkanntes **UNESCO-Weltkulturerbe.** Hier gilt die Sauna seit jeher als gesundheitsfördernder Ort, dementsprechend viele Fans hat das Heißluftbad auch heute noch: Rund 90 Prozent der Bevölkerung nutzen mindestens einmal pro Woche die Sauna, um sich körperlich und seelisch zu reinigen. In Sommerhäuschen, auf Booten und sogar in Bussen – es gibt kaum einen Ort, der ohne Sauna auskommt. Selbst das Parlament in Helsinki hat ein Heißluftbad. Ob das regelmäßige Saunieren wohl dazu beiträgt, dass die Finnen laut „World Happiness Report" zu den glücklichsten Menschen der Welt zählen?

Fest steht, dass **regelmäßige Saunabesuche** die Gesundheit fördern, das belegen zahlreiche Studien. Durch die wechselnden Temperaturreize werden der Kreislauf und die körpereigene Immunabwehr angeregt und gestärkt. Auch auf die Herzgesundheit kann sich regelmäßiges Saunieren positiv auswirken, hinzu kommt die allgemein entspannende Wirkung auf Körper und Seele.

Gesund saunieren – so geht's:

Sanfter Einstieg

Trockne dich nach dem Duschen gut ab. Für den ersten Gang kannst du möglichst eine kreislaufschonende Variante mit niedrigeren Temperaturen wählen, zum Beispiel eine Biosauna oder das Dampfbad. Die ideale Verweildauer beträgt 8 bis 15 Minuten. Wenn du dich nicht wohl fühlst oder dir schwindlig wird, solltest du die Sauna sofort verlassen.

Abkühlen

Nach dem Saunagang empfiehlt es sich, circa 2 Minuten an der frischen Luft zu verbringen, um den Sauerstoffvorrat wieder aufzufüllen. Dabei kannst du dir auch schon ein wenig kaltes Wasser auf Handgelenke und Füße geben, wenn du magst. Dann folgt eine kalte Dusche oder ein kurzes Bad im See. Hinweis: Für Herzpatienten ist diese plötzliche Abkühlung nach der Sauna ein absolutes Tabu, darauf weist die Deutsche Herzstiftung hin.

Fußbad

Nach der Abkühlung kannst du ein warmes Fußbad machen. So vermeidest du ein erneutes Schwitzen.

Erholungszeiten einplanen

Dann ist es Zeit für eine Auszeit im Ruheraum. Pack dich warm in einen Bademantel ein, lege dich auf eine Liege und lass den ersten Gang ganz in Ruhe nachwirken. Mindestens 15 Minuten solltest du dir und deinem Körper zwischen den Saunagängen gönnen.

Nicht mehr als drei Saunagänge

Beim zweiten Saunagang kannst du eine Sauna mit einer höheren Temperatur wählen. Klassische finnische Saunen haben meist eine Temperatur von 80 bis 120 Grad Celsius. Tipp: Nimm erst mal auf den unteren Bänken Platz, denn dort ist die Temperatur niedriger. Insgesamt solltest du nicht mehr als drei Saunagänge pro Tag machen, um den Körper nicht unnötig zu belasten.

51 *Mein Tag Urlaub*

AB AN DIE WESER

Angenehm kühl ist das Wasser der Weser. Mit nackten Füßen steht man nach der Radtour da und freut sich über all die schimmernden Schätze, die am Boden liegen.

Es gibt Strecken, die landschaftlich so schön sind, dass man sie am liebsten täglich radeln würde. So zum Beispiel der **Weser-Radweg** – nicht umsonst zählt er zu den beliebtesten deutschen Fernradwegen. Er führt auf 520 Kilometern vom Weserstein in Hannoversch Münden bis nach Cuxhaven an die Nordsee. Teile der Strecke verlaufen auch durch Ostwestfalen-Lippe und sie bietet zahlreiche Sehenswürdigkeiten.

Porta Westfalica eignet sich ideal, um einen kleinen Abschnitt des Weges zu radeln. Dank des kleinen Bahnhofs, der am rechten Weserufer liegt, lässt sich der Ausgangspunkt auch mit dem Zug komfortabel erreichen. Dort angekommen, wird man direkt mit einem **Ausblick par excellence** belohnt: Auf 268 Meter Höhe thront das Kaiser-Wilhelm-Denkmal auf dem Wittekindsberg, zu seinen Füßen das grüne Blättermeer des Wiehengebirges und die Weser, die sich ihres Weges schlängelt. Nach diesem fulminanten Einstieg kann man die Route in Richtung Bad Oeynhausen fahren, wo es ebenfalls einen Bahnhof gibt.

Für mich!
Mit dem Rad durch herrliche Landschaft fahren

Doch wie immer gilt: Auch beim Verweilen lässt sich vieles entdecken. Direkt hinter der Beach Bar Café Blue führt ein schmaler Pfad zum Weserufer hinab. Herrlich ruhig ist es hier am Morgen. Glückerfüllt, diesen Ort gefunden zu haben, lauscht man dem leisen **Säuseln des Wassers,** das die Steine umspült und ihnen auf Dauer ihre einzigartige Form verleiht. Eine sanfte Brise streift durch die Gräser und lässt auf der Wasseroberfläche maritime Muster entstehen. Muscheln gibt es auch. Und so könnte man fast meinen, man sei ans Meer gereist. Zeit, die Schuhe auszuziehen und die Füße im **kühlen Nass** zu erfrischen. Baden ist hier wegen der Strömung nicht erlaubt. Doch wer schwimmen möchte, kann dies – einige Kilometer weiter – am Badesee am Großen Weserbogen tun. Weiter geht die Radtour, die bis zum Schluss immer wieder mit neuen Blicken auf die wunderschöne Weserlandschaft begeistert.

Radtour an der Weser, Start: Bahnhof Porta Westfalica, 32457 Porta Westfalica, www.kaiser-wilhelm-porta.de

BLUE BAR

DEM HIMMEL SO NAH

Welch ein herrliches Gefühl es sein muss, schwerelos von Wolke zu Wolke zu gleiten. Frei wie ein Vogel. Zeit, es einmal selbst zu erleben.

Der **Traum vom Fliegen** ist so alt wie die Menschheit. Und so wundert es nicht, dass der Flugplatz Oerlinghausen ein beliebtes Ausflugsziel für Familien und Radfahrer ist. Mit etwa 25.000 Segelflugstarts pro Jahr gehört er zu den größten Segelflugplätzen der Welt. Gebannt stehen die Besucher da, um zuzuschauen, wie die kleinen Flugzeuge, von einer Seilwinde gezogen, fast lautlos anrollen, um dann im Blau des Himmels zu verschwinden. Ein Schauspiel, das **Fernweh** weckt.
Wer etwas Mut mitbringt, wechselt die Seiten und begibt sich auf sein eigenes Abenteuer in die Lüfte. Denn „Höhenluftschnuppern" ist möglich. Die Sonne strahlt vom blauen Himmel, der hier und da mit weißen Wolkentupfern verziert ist. Perfektes Wetter zum Segelfliegen. Segelflugfreunde berichten begeistert von ihren Abenteuern. Mit dem Abheben lasse sie auch all ihre Alltagssorgen am Boden zurück, erzählt eine Lehrerin, die das Hobby seit vielen Jahren betreibt.
Und dann ist es so weit: Der Start steht bevor. Innerhalb von 3 Sekunden wird das Flugzeug auf über 100 km/h beschleunigt. Welch ein **Geschwindigkeitsrausch!** Nach dem Steigflug, bei dem das Startseil ausgeklinkt wird, beginnt der ruhige Teil des Fluges. Der Herzschlag beruhigt sich langsam und man beginnt, die schöne Aussicht von oben auf Oerlinghausen und den Teutoburger Wald zu genießen. Alles sieht aus wie ein Miniatur-Wunderland. Nur das leise **Rauschen des Windes** ist zu hören.
Als der Pilot einen Aufwind findet, steuert er das Flugzeug in einen Kreis, um in der Thermik Höhe zu gewinnen. Wie ein Greifvogel kreist man so durch die Lüfte, immer **höher und höher.** Schwerelos dank dem Wunder der Thermik. Besonders an warmen Tagen mit kühlen Nächten ist das möglich. Auf etwa 1100 Meter Höhe angekommen, sieht man andere Segelflieger unter sich kreisen. Raum und Zeit spielen hier oben keine Rolle mehr. Eine faszinierende Erfahrung, die man sicher nie vergisst.

Für mich!
Sich hoch in die Lüfte schwingen

Flugplatz Oerlinghausen, Betriebsbüro im Tower, Stukenbrocker Weg 43, 33813 Oerlinghausen, www.luftsportzentrum-oerlinghausen.de

D-8882
RH
D-4476

53 *Mein Tag Urlaub*

DER NATUR LAUSCHEN

Aufmerksamkeitsübungen können uns im Alltag helfen, störende Geräusche weniger wahrzunehmen und so mehr Entspannung zu finden.

„Wahrnehmung“ lautet das Motto des Wanderwegs Mühlenbachtal. Der Fokus dieser 3,5 Kilometer langen Runde liegt auf **Geräusch- und Hörübungen,** die speziell für Menschen mit Tinnitus entwickelt wurden; als Aufmerksamkeitstraining helfen sie jedoch auch gegen Stress.

Startpunkt ist der hübsch gepflegte Kurpark Bad Holzhausen. An der ersten Tafel hält man inne. Anhand der Übung soll die Aufmerksamkeit gezielt auf die angenehmen Geräusche gelenkt werden. Störendes wird so vom Gehirn herausgefiltert. Nur etwa 10 Minuten später zeigen sich die ersten Effekte: Straßenlärm, ein vorbeifahrender Zug in der Ferne – während man Geräusche wie diese anfangs als störend und unangenehm empfand, nimmt man das **Zwitschern der Vögel** und den sanften Hauch des Windes in den Blättern der Bäume plötzlich viel deutlicher wahr. „Wir selbst bestimmen, worauf wir unsere Aufmerksamkeit richten“, steht auf der Tafel geschrieben. Worte, die dank der Übung zum eigenen Erleben werden.

Für mich!

Bei einer Wanderung die Wahrnehmung schulen

Mit diesem **neu ausgerichteten Fokus** fühlt man sich von den Baumriesen nahe dem Weg wie magisch angezogen. Bereits eine geringe Luftbewegung reicht aus, um die Blätter der Zitterpappeln in Bewegung zu setzen; zu verdanken ist das ihrer speziellen Form. Wenige Meter weiter steht eine große **Holzliegeschaukel** bereit, hier lässt sich dem zarten Windspiel ganz bequem lauschen.

„Lauschen“ lautet auch das Thema der nächsten Station – und zwar abwechselnd mit offenen und geschlossenen Augen. Es ist spannend zu erleben, wie sich die Intensität der Geräusche verändert. Weiter geht's auf landschaftlich **wunderschönen Wegen** am märchenhaft anmutenden Schloss Crollage vorbei. Zwischendurch hält man immer wieder inne, um bewusst auf das zu hören, was einen umgibt, der Natur zu lauschen. Gleichzeitig spürt man, wie der Atem ruhiger geworden ist – Entspannung setzt ein. Und die nimmt man am Ende glücklich mit nach Hause.

Wanderweg „Wahrnehmung“, Start: Kurpark Bad Holzhausen, Hudenbeck 2, 32361 Preußisch Oldendorf

54 *Mein Tag Urlaub*

LANDPARTIE MIT OBSTBLÜTE

Den Fahrtwind im Haar, fliegen rechts und links Wiesen, Felder und Wälder vorbei. Welch herrliches Gefühl von Freiheit – so eine Radtour durchs Grüne!

An manchen Tagen ist sie besonders groß, die Sehnsucht, den Lärm der Großstadt hinter sich zu lassen. Unverbaute Weitblicke zu genießen und das Gefühl von Freiheit zu spüren. Besonders gut geht das, wenn man samt Rad mit dem Zug nach Rheda-Wiedenbrück reist. Denn dort findet man Wege fernab der befahrenen Straßen, **traumhafte Landschaften** und allerlei kulturelle Sehenswürdigkeiten am Wegesrand. Kurz gesagt: Das kleine Städtchen an der Ems und seine Umgebung sind ein wahres **Paradies für Radfahrer.** Auch das Schloss Rheda ist einen Halt wert.

Nur 3 Kilometer entfernt, lädt die idyllische Altstadt von Wiedenbrück zum Bestaunen der liebevoll restaurierten historischen Fachwerkhäuser ein. Weiter geht's den Radwegen folgend nach St. Vit, der Ortsteil ist für seine bezaubernde Barockkirche bekannt. Wer mag, kann hier eine Kerze entzünden. Für seine Lieben, einen persönlichen Wunsch oder die Welt – ob christlich oder nicht – kaum jemand wird sich der **friedlichen Atmosphäre** des kleinen Kirchleins entziehen können.

Für mich!
Auf zwei Rädern das Land entdecken

Unterwegs trifft man auf freundliche Menschen, die fragen, woher man kommt und wohin die Reise geht. Gerne erzählen sie von den Orten ihrer Heimat. Hier findet man sie, die entspannte Gelassenheit, die in der Stadt so oft fehlt.

Auf vorwiegend wenig befahrenen Wirtschaftswegen, „Pättkes" genannt, führt die Route Richtung Stromberg. Am Wegesrand liegt das Westfälische Literaturmuseum Haus Nottbeck, das einen malerischen **Picknickplatz unter alten Obstbäumen** bereithält. Besonders zur Obstblüte wirkt dieser, als sei er einem Kalendermotiv entsprungen. Nichts ist zu hören, außer dem Summen der Bienen und dem Zwitschern der Vögel. Je nach Lust und Laune geht's final zur Burg Stromberg. Oben angekommen, wird man mit einem einmaligen Blick auf die hügelige Kulturlandschaft mit ihren Streuobstwiesen und den Pflaumenplantagen an den Hängen belohnt.

Radtour über Pättkes, Start: Bahnhof Rheda-Wiedenbrück, 33378 Rheda-Wiedenbrück, Radkarten auch über www.rheda-wiedenbrueck.de

IM SCHREIBFLUSS

Momente, Gedanken und Erinnerungen, die zu Worten werden. Viele träumen davon, eigene Texte zu schreiben. Zeit, es einfach mal auszuprobieren.

Kreatives Schreiben kann jeder versuchen. Man kann es einfach tun, weil es einem **Freude** bereitet. Ganz ohne Erwartungsdruck, nur für sich selbst. Dass das anfangs gar nicht so leichtfällt, erlebt auch die freie Lektorin und Ghostwriterin Hanne Reinhardt immer wieder. „Bei den Schreibseminaren, die ich regelmäßig leite, empfehle ich dann, das Schreiben einfach als eine Art **Spiel** zu begreifen." Sogenannte „Fingerübungen" können dabei hilfreich sein. „Damit lässt sich zum Beispiel herausfinden, welcher Schreibtyp man ist. Außerdem hilft der Austausch mit den anderen Teilnehmenden, denn dabei wird man schnell feststellen, dass es vielen genauso geht. Man kann zum Beispiel eine **kleine Sinnesübung** machen: Dabei konzentriert man sich 5 Minuten lang nur auf einen seiner Sinne und schreibt auf, was man wahrnimmt." Denn scharfe Sinne seien für Autorinnen und Autoren wichtig.

Für mich!
Reise zum eigenen Ich

Um diese Übung auszuprobieren, empfiehlt es sich rauszugehen. Zum Beispiel in den Palaisgarten – eine der schönsten historischen Grünanlagen der Region, die Gartenstraße führt vom Literaturbüro Detmold direkt dorthin. Es ist ein **wunderschöner Ort,** an dem alte Bäume, Wiesen und Wasserspiele auf ein barockes Lustschloss treffen. Was höre ich hier? Sanfte Klavierklänge strömen aus der Hochschule für Musik, in der Ferne rauscht beständig die große Kaskade ....

Wer nur auf einen seiner Sinne fokussiert ist, nimmt die Umgebung gleich ganz anders wahr. Schreibübungen wie diese können dabei helfen, das Gehirn zu trainieren, einen **freien Gedankenfluss** zu erlauben und die Inspiration zu fördern.

Einmal in den Schreib-Flow gekommen, möchte man es plötzlich überall tun. Notizbuch und Stift werden zu treuen Begleitern. Sie ist so wertvoll, diese neu gewonnene **Achtsamkeit** für das, was im Äußeren und Inneren geschieht. Nebenbei bietet das Schreiben die wunderbare Möglichkeit, sich selbst genauer kennenzulernen.

Literaturbüro Ostwestfalen-Lippe, Hornsche Straße 38, 32756 Detmold, www.literaturbuero-owl.de oder www.schreibakademie.nrw

56 *Mein Tag Urlaub*

WALD DER KLEINEN WUNDER

Eine Wanderung durch den „Wunderwald“ in Rödinghausen ist einfach zauberhaft, denn sie weckt die Abenteuerlust und beflügelt die Fantasie.

Grasgnome, Kieselkobolde und Wurzelwichtel – all diesen **zauberhaften Waldbewohnern** begegnet man auf der etwa 6 Kilometer langen „Wunderrunde“ durch das Naturschutzgebiet Gehle. Auf liebevoll gestalteten Tafeln wird die Geschichte der kleinen Wanda erzählt, die ihren Freund Wutz sucht und dabei auf allerhand wundersame Wesen und ein Rätsel trifft.
Dass es die „Wunderrunde“ gibt, ist Jessica Mey und den anderen Mitgliedern des Heimatvereins Rödinghausen zu verdanken. Sie erschufen den Wanderweg durch den **„Wunderwald“** im ersten Lockdown 2020, um Kindern und erwachsenen Kindern eine Freude zu machen. Und das ist ihnen gelungen. Davon zeugt auch das Gästebuch in der hölzernen Schutzhütte, die am Wegesrand liegt. Geister, Kobolde, Fliegenpilze – Seite für Seite begegnet man Danksagungen und allerlei Fabelwesen. Gemalt wurden sie von Kindern, die des Weges kamen. Beim Blättern durch die **liebevoll gestalteten Seiten** spürt man geradezu, wie einem das Herz aufgeht.

Für mich!
Im Wald vielen Fabelwesen begegnen

An der Schutzhütte Rödinghausen angekommen, warten aber noch weitere märchenhafte Überraschungen: Zum einen ist da der „Schuhbaum“ – eine Buche, an der zahlreiche Wanderschuhe und andere Exemplare hängen. Dieser Brauch, der seinen Ursprung in Irland hat, soll Glück bringen. Und wer mit offenen Augen unterwegs ist, wird auch die niedlichen Wichtel bemerken, die am Fuße einer Fichte wohnen. Weiter des Weges steht ein **Wunschbaum.** Welches Anliegen möchte man selbst dort hinterlassen? Allein darüber nachzudenken, schafft einen Moment des In-sich-Kehrens und Dankbarkeit für das, was man hat. Über die **Traumtanzlichtung** mit Turm geht's zur Wurzeltrollschneise und zum Dorf der Kieselkobolde. Dann erreicht man das Ziel. Wie die Geschichte von Wanda ausgeht, sei hier noch nicht verraten.
Am Ende der Runde setzt man sich auf eine Bank und lässt all die großen und kleinen **Wunder des Weges** Revue passieren.

„Wunderrunde“, Start: Parkplatz am Grünen See,
Kellenbergstraße 38, 49328 Melle

REISEN WIE ANNO DAZUMAL

Ein lautes „Tuuut" erklingt, die Kinder jubeln. Und man selbst innerlich auch. Eine Fahrt mit der Dampfeisenbahn ist Nostalgie pur.

„Reisen wie vor 100 Jahren" lautet das Motto der Museumsfahrten vom Dampfeisenbahn Weserbergland e.V.; und es hält, was es verspricht. Wer mit **Dampflok Else** auf große Sonntagsfahrt durch das schöne Weserbergland geht, begibt sich auf eine unvergessliche Zeitreise.
Die Wagen des Preußenzuges sind über 100 Jahre alt. Mit großer **Liebe fürs Detail** wurden sie aufwendig restauriert, um die Erinnerung an die erste Epoche deutscher Eisenbahngeschichte wachzuhalten. Beim Einstieg fühlt es sich an, als betrete man eine ganz andere Welt, entsprungen aus einem Drehbuch für einen Abenteuerroman. Miss Marple, Hercule Poirot, Harry Potter und Co. – hier werden die Heldenfiguren aus Kindheit und Jugend plötzlich lebendig.

Für mich!
Gemütlich in der Nostalgiebahn dahinruckeln

Die Holzbänke glänzen edel und auch die Polstersitze der 1. Klasse versprühen **nostalgischen Charme.** Neugierig geht man von Wagen zu Wagen, immer wieder staunend über all die herrlichen historischen Dinge, die es zu entdecken gibt.
Dann nimmt man Platz und beginnt zu genießen. **Landschaften** fliegen vorbei, weiße Wolken am blauen Himmel, gelbgold leuchtende Getreidefelder, grüne Wiesen und Blättermeere. Schaut man an den kleinen Bahnhöfen aus dem Fenster, sieht man winkende Menschen, die freudig strahlen. Weiter geht die Fahrt. Es hat etwas sehr Beruhigendes, hier zu sitzen. Else und Anhang rumpeln gemütlich über die Gleise, es ruckelt und quietscht.
Dass **Zeitreisen** wie diese möglich sind, ist all den ehrenamtlichen Helferinnen und Helfern der Vereine zu danken. Lokführer Janik Bannert ist mit großer Leidenschaft dabei. Und auch Heizer Sören Peters gerät ins Schwärmen, wenn man ihn nach seinem arbeits- und zeitintensiven Hobby fragt: „Ich liebe es, das Leuchten in den Augen der Fahrgäste zu sehen, vom kleinen Kind bis zum älteren Menschen. Das sind ganz besondere **Auszeiten** für mich", sagt der Berufsschullehrer. Man glaubt es ihm sofort.

Dampfeisenbahn Weserbergland, Am Bahnhof 11,
31655 Stadthagen, www.dampfeisenbahn-weserbergland.de

52 8038
Unt. Sth.
27.08.2012

LESEZEIT IM GRÜNEN

Wie herrlich ist's, in dieser zauberhaften Landschaft mit dem Lieblingsbuch lesend auf einer Decke zu sitzen, während Sonnenstrahlen die Seele streicheln.

Endlich mal wieder Zeit zum Lesen finden, im hektischen Alltag will es oft nicht so recht gelingen. Zum Glück gibt es viele kleine **Paradiese der Entschleunigung** direkt vor der Haustür. Zum Beispiel das beschauliche Örtchen Vinsebeck, das landschaftlich wunderschön am Naturpark Eggegebirge und dem südlichen Teutoburger Wald liegt.
Es hat wahrlich etwas von Urlaub, hier durch die kleinen Gassen zu bummeln. Südwestlich führt der Weg „Auf dem Stiegel" Richtung Sandebeck. Das Panorama verzaubert mit **Weite, Wiesen, Feldern und Wäldern.** Linker Hand, beim Landschaftsschutzgebiet Baumerstal, liegt eine große Wiese, die zum Niederlassen einlädt. Zeit, die Picknickdecke auszubreiten und all die Köstlichkeiten, die man seit Kindheitstagen liebt, Zimtschnecken zum Beispiel. Allein ihr Duft lässt **Bullerbü-Feeling** aufkommen. Nun ist man mit sich und dem Buch allein. Seite um Seite taucht man ungestört in die Geschichte ein.

Für mich!
Zeit für mich und mein Lieblingsbuch

Kleine **Lesepausen** dürfen genutzt werden, um in der Sonne zu dösen. Vögel zwitschern, das Gras kitzelt an den Füßen, hier und da summt eine Biene vorbei. Ewig könnte man verweilen. Wer mag, schließt noch eine kleine Spazierrunde an, die vom Baumerstal und Sammtholz zurück nach Vinsebeck führt. Sie ist besonders zur **Zeit der Frühjahrsblüher** im April und Mai zu empfehlen. Dann säumen weiß blühende Schlehenbüsche die Wege, der Duft ihrer Blüten erfüllt die Luft. Oben am ehemaligen Steinbruch lassen sich Buschwindröschen, Lerchensporn und Waldveilchen bewundern. Dort, wo der Weg oberhalb des Segelflugplatzes Frankenberg aus dem Wald herausführt, bietet sich ein **traumhafter Ausblick** über die Steinheimer Börde bis zum Lippischen Bergland. Durchatmen und sich frei fühlen – das geht hier ganz wunderbar!
Zum Finale der Runde wartet noch das weiße Wasserschloss Vinsebeck am Wegesrand, eines der schönsten Schlösser Westfalens, das nach Voranmeldung besichtigt werden kann.

Baumerstal, Baumers Tal 2, 32839 Steinheim

59 *Mein Tag Urlaub*

KUNST IM WALD

Einen Dialog zwischen sich und der Natur zu schaffen und ihn für andere sichtbar zu machen – darum geht es bei der Kunstform Land Art.

Viele Kinder lieben es, ihrer Fantasie freien Lauf zu lassen. Eine Fähigkeit, die uns im Erwachsenenalter oft abhandenkommt. „Land Art ist eine tolle Möglichkeit, um wieder einen Zugang zum eigenen **schöpferischen Potenzial** zu finden und sich vom Druck freizumachen, etwas Schönes zu schaffen, das anderen gefällt", sagt Kunst- und Musikpädagogin Julia Rheingans. „Hier geht es darum, in der Natur zu sein, sie bewusst wahrzunehmen und mit künstlerischen Mitteln auf sie zu reagieren."

Weil sie ihre Begeisterung für diese außergewöhnliche Kunstform weitergeben möchte, bietet Rheingans regelmäßig Land-Art-Workshops an. Vorkenntnisse sind für die Teilnahme nicht nötig. Man kann sich ganz unvoreingenommen auf das einlassen, was einen erwartet. Nach der Begrüßung geht es den Weg Richtung Wald hinauf. „Nehmt unterwegs gerne einen Gegenstand mit, der euch anspricht", ermuntert Julia Rheingans die Telnehmenden. Allein durch diesen kleinen Arbeitsauftrag wird die Achtsamkeit auf das **Hier und Jetzt** gelenkt.

Für mich!

Mit kindlicher Neugier die Natur entdecken

An der wunderschönen Lichtung mit Weitblick angekommen, liegt eine Picknickdecke mit Stiften und weiteren Materialien bereit. Nach einer kleinen Einführung in das Thema Land Art, wird die Umgebung anhand verschiedener **Wahrnehmungsübungen** erkundet. Als jeder seinen Ort gefunden hat, an dem er etwas sichtbar machen möchte, geht's ans Werk: Hölzer, Beeren, Gräser – **Naturmaterialien** werden zu Elementen für die Kunst im Wald. „Vorgefundene Strukturen können zum Beispiel freigelegt, hervorgehoben oder neu kombiniert werden", so Rheingans.

Es ist ein schönes Gefühl, sich plötzlich als **Schaffende in der Natur** zu erleben – die tiefe Verbindung zu sich und dem Entdeckten zu spüren. Am Ende des Workshops werden die Werke im Wald zurückgelassen und dem natürlichen Zerfall ausgesetzt. Was bleibt, ist ein Foto und die Erinnerung an einen inspirierenden Tag.

Land-Art-Workshop im Teutoburger Wald,
ich Atelier, 33617 Bielefeld, www.ichatelier.de

LandArt Workshop

MEDITATIVE WANDERUNG

„Gönne dich dir selbst“ lautet das Thema dieses Pilgerwegs. Hier, inmitten der Natur, fällt es ganz leicht, die Ich-Zeit ungestört zu zelebrieren.

Pilgern muss nicht unbedingt religiös motiviert sein. Die Reise zu sich selbst eignet sich auch wunderbar, um eine **bewusste Auszeit** von der Hektik des Alltags zu nehmen. Und genau dazu lädt der Pilgerweg „ICH – das eigene Leben im Blick“ ein. Das Motto ist angelehnt an einen Brief, den der heilige Bernhard von Clairvaux mahnend an seinen früheren Mönch Papst Eugen III. schrieb: „Gönne dich dir selbst! Wie lange noch schenkst du allen anderen deine Aufmerksamkeit, nur nicht dir selbst! Ja, wer mit sich selbst schlecht umgeht, wem kann der gut sein?“

Dieser Gedankenanstoß ist der ideale Wegbegleiter für den 11 Kilometer langen Rundweg, der am Fürstlichen Residenzschloss Detmold startet und dann im Verlauf durch **sanft geschwungene Hügel,** weite Felder und Wiesen und Mischwälder führt. Kaum hat man die letzten Häuser und Menschen hinter sich gelassen, erhält eine wohltuende innere Ruhe Einzug. Die Wolken wirken, als hätte sie jemand mit dem Pinsel ins Hellblau getupft. Zeit für eine erste Pause auf einer lauschigen Bank. Sitzmöglichkeiten gibt es viele auf der Route, denn Eile hat hier keinen Raum.

Für mich!
Durchatmen und zu sich selbst finden

Kurz bevor man das Freilichtmuseum Detmold erreicht, findet sich die nächste wunderbare **Möglichkeit zum Verweilen:** eine alte Holzbank mit Blick auf die blühenden Rapsfelder, hinten am Horizont der Teutoburger Wald, aus dem sich siegessicher der Hermann erhebt. Welch **herrliche Ruhe,** Bienen summen, in der Ferne jubiliert eine Feldlerche. Rechter Hand eine Fachwerkkapelle, die erahnen lässt, wo das Gelände des Freilichtmuseums beginnt. Der Weg führt nun in einer Runde um das über 90 Hektar große Gelände und ermöglicht Einblicke auf die historischen Gebäude und Kulturlandschaften.

Zum Abschluss empfiehlt sich eine kleine **Erfrischung** in der Altstadt von Detmold, die mit Fachwerkhäusern und Gründerzeitarchitektur bezaubert und ein großes Angebot an Cafés und Restaurants bietet.

Pilgerweg „ICH – das eigene Leben im Blick“, Start: Fürstliches Residenzschloss Detmold, Schloßplatz 1, 32756 Detmold, www.orte-verbinden.de/Wege/„ICH“/

Achtsamkeit im Alltag

Achte auf dich!

ANLEITUNGEN ZUM REGELMÄSSIGEN INNEHALTEN

Alle reden von Achtsamkeit. Doch was genau ist damit eigentlich gemeint? Und wie lässt sie sich in den Alltag integrieren?
Kurz gesagt bedeutet Achtsamkeit, den gegenwärtigen Moment bewusster zu erleben, ohne an den nächsten Moment oder an morgen zu denken. In unserem reizüberfluteten Alltag gelingt dies besonders gut, wenn wir uns auf unsere **Sinneswahrnehmungen** fokussieren, also auf das, was wir in diesem Moment sehen, hören, riechen, fühlen und schmecken.
Je regelmäßiger wir achtsame Auszeiten in den Alltag integrieren, desto mehr können Körper und Psyche davon profitieren.

Mindful Morning
Stehe täglich eine halbe Stunde früher auf und tue etwas, das dir Freude bereitet, falls möglich, draußen in der Natur. Gut geeignet sind eine kleine **Morgenmeditation** und **Yogaübungen,** denn die stimulierende Kombination

aus Bewegung und tiefer Atmung verbessert die Sauerstoffversorgung des Körpers und regt die Blutzirkulation an. Auch das Gehirn profitiert von der großen Menge an Sauerstoff – das sorgt für eine bessere Stimmung und mehr Konzentration.

Dankbarkeitstagebuch

Leider ist unser Gehirn evolutionär darauf angelegt, sich auf negative Ereignisse zu fokussieren. Nimm dir morgens oder abends ein paar Minuten Zeit, um drei Dinge zu notieren, für die du an diesem Tag dankbar bist. Das können kleine Momente sein, wie das Vogelkonzert am Morgen, aber auch essenzielle, wie ein Mensch, der dein Leben besonders bereichert. Wenn du dein Dankbarkeitstagebuch regelmäßig führst, kann dir das helfen, all die **positiven Dinge,** die dich umgeben, bewusster wahrzunehmen und wertzuschätzen.

Besser essen

Wenn es schnell gehen muss, wird die Nahrungsaufnahme schnell zur Nebenhandlung. Wie wir Lebensmittel zu uns nehmen, hat jedoch einen großen Einfluss darauf, wie gut unser Körper sie verdauen und ihre Nährstoffe aufnehmen kann. **Nimm dir Zeit** für deine Mahlzeiten und versuche bereits dein Frühstück bewusster zu gestalten. Schließe kurz die Augen und rieche an den einzelnen Lebensmitteln. Spüre sie bewusst in deinen Händen. Kaue gründlich und nimm die einzelnen Aromen wahr.

Digital Detox

Etwa 88-mal schauen wir pro Tag durchschnittlich auf unser Handy, das zeigt eine Studie der Universität Bonn. Die ständige Reizüberflutung durch Social Media und Co. raubt uns nicht nur Energie und die Fähigkeit zur Fokussierung, sie kann uns auf Dauer auch unzufrieden und sogar krank machen. „Fear of missing out" wird die Angst genannt, ein spannendes Erlebnis zu verpassen oder ein unspektakuläres Leben zu führen. Umso wichtiger ist es, rechtzeitig einzugreifen:

- Versuche dein Handy regelmäßig außerhalb deines Sichtfelds abzulegen, so kommst du seltener in Versuchung, kurz mal durch Social-Media-Kanäle zu scrollen.
- Übe dich in Digital Detox, das kann mal ein Tag, ein Wochenende oder ein ganzer Urlaub sein. Du wirst erstaunt sein, wie viel mehr Zeit dir plötzlich für **schöne Dinge** bleibt.

EINFACH MÄRCHENHAFT

Durch verwinkelte Fachwerkgassen schlendern, sich in einem urigen Café am Ofen wärmen oder durch einen schönen Wald mit zauberhaften Wesen wandern.

Es war der Schönheit der Landschaft und den außergewöhnlichen Lichtverhältnissen zu verdanken, dass Schwalenberg im späten 19. Jahrhundert zu einem **Geheimtipp** unter impressionistischen Malern wurde. Zahlreiche Künstler aus großen Städten kamen an diesen beschaulichen Ort, um hier Freilichtstudien zu betreiben. Durch die anschließende Präsentation ihrer Werke in Ausstellungen wurde Schwalenberg deutschlandweit als „Malerstadt“ und „Malerkolonie“ bekannt.

Doch es gibt noch mehr Gründe, das historische Fachwerkstädtchen zu besuchen. Verwunschene Brunnen und fantastische Skulpturen geben einen Hinweis darauf, dass Schwalenberg Teil der **Deutschen Märchenstraße** ist. Wer mit offenen Augen unterwegs ist, wird schnell die liebevoll geschnitzten Schilder bemerken, die auf die „Märchentüren-Expedition“ hinweisen – eine schöne Rätselrunde für Groß und Klein, die in die fabelhafte Welt des Kobolds Filius entführt.

Für mich!
Urlaub machen, der die Fantasie beflügelt

Auch der Aufstieg zur Burg lohnt sich. Kurz vor dem Ziel wartet eine Bank am Grafenblick. Von hier kann man in die Weite und auf das Blättermeer des Waldes schauen – im Herbst kommt dabei echtes **Indian-Summer-Feeling** auf. Vor dieser Kulisse wirken die roten Ziegeldächer der Fachwerkhäuschen wie ein wundervolles Miniatur-Wunderland. Weiter geht's hoch zur Burg, auch der Ausblick durch die Panoramafenster des dort ansässigen Restaurants ist atemberaubend.

Nach dem Spaziergang lohnt sich ein Besuch im urigen Café Die Märchenstube: Das Feuer lodert knisternd im Holzofen, dazu ertönen sonntags dann und wann auch **traumhafte Harfenklänge.** In dieser gemütlichen Atmosphäre schmecken hausgemachter Kuchen und Kakao mit Sahnehaube gleich doppelt gut. Wer von diesem Ort genauso verzaubert ist, bleibt am besten gleich hier. Genüsslich übernachten lässt es sich zum Beispiel in der Ferienwohnung „Froschkönig“, die sich in einem der ältesten Häuser Schwalenbergs befindet.

Die Märchenstube (auch Startpunkt für die Märchentüren-Expedition), Marktstraße 12, 32816 Schwalenberg, www.die-maerchenstube.de, www.fewo-schwalenberg.de

IM GLAMPINGGLÜCK

Im kuschligen Bett liegend, schaut man in die Nacht, wo Lampions und Windlichter funkeln – der perfekte Abschluss eines tollen Urlaubstages.

Am Fuße des Wiehengebirges, unter Bäumen, direkt an einem kleinen Bach liegt ein ganz besonderes Urlaubsparadies: ein mit viel **Liebe zum Detail** ausstaffiertes Glampingzelt. Geschaffen wurde es von Anna und Boris, sie nutzten einen Teil des **idyllischen Hofes,** um anderen Menschen eine ganz besondere Auszeit im Grünen zu ermöglichen. 800 Quadratmeter groß ist das komplett eingezäunte Grundstück, das die Gäste während des Aufenthalts ihr Eigen nennen dürfen.

Vor Ort angekommen, ist man bei jeder Entdeckung aufs Neue verzückt. Da ist die hübsche, überdachte Holzpergola mit Außenküche, Esstisch und Grill. Frische Eier von den hofeigenen Hühnern liegen für das Frühstück bereit. Rechter Hand eine Terrasse so schön, als sei sie einem Interieurmagazin entsprungen und hinten dann das Glampingzelt, das mit warmen Decken und Kissen zum **Kuscheln** einlädt.

Für mich!
Grüne Auszeit auf einem idyllischen Hof

Aufgeregt erkundet man den Rest des Hofgeländes: Den Teich mit Ruderboot, der mitbenutzt werden darf und die liebevoll restaurierte **kleine Wassermühle** am Bach. Zwischendurch schauen die Collies von Anna und Boris vorbei, die sich über Streicheleinheiten freuen. Wie im Fluge fühlt man sich hier zu Hause.

Nach einem Spaziergang um die sommerlich golden leuchtenden Felder, ist es an der Zeit fürs Essen. Und dann sitzt man im Licht der Abendsonne auf der Terrasse unter der großen Trauerweide und ist einfach **glücklich.**

Wenn es dunkel wird, wird es magisch. Nach und nach erleuchten farbenfrohe Solarlampions. Sind erst all die kleinen Laternen und Teelichter entzündet, entsteht eine ganz **märchenhafte Atmosphäre.** Kaum sattsehen kann man sich an dem Gefunkel.

Später kuschelt man sich in die Jurte. Unglaublich gemütlich ist es hier. Das leise Glucksen des Baches begleitet einen sanft ins Land der Träume. Obwohl man sich dort ja eigentlich bereits befindet.

Übernachten im Glampingzelt, Familie Albert, Knicksiek 21, 32549 Bad Oeynhausen, www.airbnb.de/rooms/43811732

LAND(AUS)ZEIT MIT KULTUR

Hühner gackern, Schafe blöken, Gänse schnattern – dieser Sound klingt einfach so viel schöner als der Lärm der Stadt. Ein Landurlaub in Perfektion.

Versteckt im Teutoburger Wald liegt ein kleines Paradies: das Alte Forstamt von Altenbeken. Fast 50 Jahre ist es her, dass sich Dr. Ursula Wichert-Pollmann und Prof. Hans Walter Wichert entschieden, das Anwesen zu kaufen, denn es zog sie in die Natur. Warum, kann Tochter Kristin Wichert bestens verstehen. Nach ihrer Karriere im Marketing bei einem großen Unternehmen entschied sie sich, es ihren Eltern gleichzutun. Und sie hat es nie bereut: „Es ist ein **reiches Leben.** Man kann sich gar nicht vorstellen, wie schön das ist! Ich bin einfach dankbar", schwärmt sie.

„Ich gehe gerne ganz früh morgens barfuß vor die Tür und höre das Tschilpen der Spatzen, manchmal steht ein Fischreiher auf der Wiese oder eine neue Blume ist erblüht. Es ist einfach herrlich, dieses **Naturerlebnis.** Immer anders, und doch gleich." Ein Leben, an dem sie ihre Gäste gerne teilhaben lässt. Vor allem stressgeplagte Städter, Wanderer und Familien buchen die beiden liebevoll hergerichteten Ferienwohnungen. Bereits an der Einfahrt wird man von Katze Pitti Platsch erwartet. Und dann ist man ganz schnell drin, im **Urlaubsmodus.** Überall begegnen einem tierische Bewohner des Hofes. Hunde, Katzen, Schafe, Gänse, Tauben, Hühner – es herrscht ein buntes Treiben, das einfach gute Laune macht.

Für mich!
Tiere, Natur und Raum für neue Gedanken

Bunte Blumensträuße zieren die Tische, allerlei Antikes steht hier und da, in der Scheune ist ein Buchantiquariat. Familie Wichert hat ein großes Herz für Kultur. Umso mehr freut es sie, dass das Literatur- und Musikfestival „Wege durch das Land" schon mehrfach auf dem Hof Halt gemacht hat. Kein Wunder, bei der Kulisse. Der aufwendig rekonstruierte Biedermeiergarten lädt zum Wandeln und Blumenbestaunen ein und dann ist da noch der **traumhaft schöne weiße Pavillon.** An warmen Sommertagen badet man in der nahe gelegenen Beke, einem Bach, dessen Wasser so sauber ist, dass Fische darin schwimmen. Hach, welch wunderbare Land(aus)zeit!

Altes Forstamt im Teutoburger Wald, Am Hammer 16, 33184 Altenbeken, www.teuto-altesforstamt.jimdo.com

KLEINER RETRO-ROADTRIP

Gemütlich tuckert der Bulli die Landstraße entlang. Die Lieblingssongs im Ohr, den Fahrtwind im Haar – so fühlt sich Freiheit an!

Lust, dem Alltag spontan davonzufahren? Ein Camper, etwas Outdoor-Equipment und ein **Stellplatz inmitten der Natur** reichen völlig aus, um endlich mal wieder echtes Abenteuer-Feeling zu spüren. Vanlife liegt seit einigen Jahren groß im Trend. Zum Glück muss man nicht unbedingt ein Sabbatical oder einen großen Urlaub machen, um die Vorzüge der Freiheit auf vier Rädern zu genießen. Ein **Roadtrip ins Grüne** ist auch übers Wochenende möglich.

Wer keinen eigenen Campervan hat, kann diesen zum Beispiel bei Fernwehbullis in Paderborn mieten. Hier hält Inhaber Arkadius Byczek eine kleine, aber feine Auswahl an motorisierten Urlaubsgefährten bereit. Bei „Amelie“ ist es Liebe auf den ersten Blick. Der rot-weiß lackierte VW T 2A Westfalia-Bulli wird gern für Hochzeiten und Events gebucht – kein Wunder, bei so viel **nostalgischer Schönheit** auf kleinem Raum. Auch kleinere Wochenendausflüge im Raum Ostwestfalen-Lippe sind mit „Amelie“ möglich. Doch wohin genau soll's gehen? Möglichst mitten in der Natur soll der Wunschstellplatz sein. Wildcampen ist in Deutschland nicht erlaubt, doch es gibt Online-Buchungsportale wie VanSite, die sich auf naturnahe Stellplätze spezialisiert haben. Ein paar Klicks später stößt man auf eine grüne Wiese in der **Bentfelder Seenlandschaft,** die über die Plattform gebucht werden kann.

Für mich!
Aufregendes Abenteuer-Feeling mit „Amelie“

Sachen gepackt und auf geht's ins Abenteuer! Gemächlich tuckert „Amelie“ die Landstraßen entlang, durchs offene Fenster sieht man Felder, Wälder und Seen an sich vorbeiziehen. Für das ultimative **Retro-Roadtrip-Feeling** darf die passende Musik an Bord nicht fehlen: Hits der 60er wie „California Dreamin' “ von The Mamas and the Papas oder „The Wind Cries Mary“ von Jimi Hendrix zum Beispiel.

Nachdem man den Stellplatz im Grünen erreicht hat, ist das **Glücksgefühl** groß. Gemütlich lässt man den Abend an der wärmenden Feuerschale ausklingen.

Fernwehbullis, Irisweg 9, 33106 Paderborn, Tel. (01 70) 4 18 21 37, www.fernwehbullis.de (Stellplatz über www.vansite.eu)

IM NAMEN DER ROSE

Betörender Duft liegt in der Luft. Er strömt aus Hunderten edler Rosenblüten, die Garten und Wände des Fachwerkhauses zieren. Ein B&B zum Träumen.

Manchmal entdeckt man Schätze dort, wo man sie gar nicht vermuten würde. Ein gutes Beispiel dafür ist das B&B Rosindell Cottage, das in Halle-Westfalen inmitten eines Wohngebiets an der ehemaligen Bundesstraße 68 liegt. Sobald sich das alte geschmiedete Gartentor hinter einem schließt, betritt man eine **andere Welt.** Eine, in der die Zeit stehen geblieben zu sein scheint. Mit viel Liebe zum Detail hat Inhaberin Christine Kraak das ehemalige Handwerkerhaus aus dem Jahre 1750 zum Gästehaus der besonderen Art umfunktioniert. Zimmer, Apartments und Ferienwohnungen versprühen teils **britisches Flair.**

Für mich!
Englisches Cottage-Flair genießen

Woher der ungewöhnliche Name des B&B stammt? „Ich habe damals den Roman ‚Ein letzter Tanz' von Judith Lennox gelesen", erzählt die studierte Designerin. „Darin geht es um eine bewegte Familiengeschichte, die in einem alten Herrenhaus im Südwesten Englands spielt. Das Haus ist von **Rosen** umgeben und heißt Rosindell." Das war die perfekte Inspiration, denn Kraak hegt eine große Leidenschaft für ihre „Röschen", wie sie sie liebevoll nennt. Ihre **duftenden Schmuckstücke,** die edle Namen wie Queen Elizabeth oder Sophie Charlotte tragen, präsentiert sie Interessierten gerne.

Auch bei Wanderern ist das B&B beliebt, denn der Hermannsweg ist nur einen Katzensprung entfernt. Und was gibt es Schöneres, als sich nach einer langen Wandertour so richtig zu verwöhnen? Zum Frühstück wird im Speisezimmer festlich aufgedeckt. Auf die Gäste warten selbst gemachte Marmeladen, Joghurts und allerlei **heimische Produkte.** Gut gestärkt geht's dann weiter, Sehenswürdigkeiten wie Schloss Tatenhausen oder die Burg Ravensberg lassen sich fußläufig erreichen.

Ein Besuch im Rosindell Cottage ist übrigens auch zur kalten Jahreszeit schön, denn dann kann man es sich – je nach gebuchtem Zimmer oder Apartment – am Ofen oder in der frei stehenden Badewanne **herrlich gemütlich** machen.

Rosindell Cottage B&B, Lange Straße 4, 33790 Halle (Westfalen),
Tel. (01 73) 8 47 86 36, www.rosindell-cottage.com

66 *Meine Frei-Zeit*

AUF UND DAVON

Einfach losgehen, bis man alles hinter sich gelassen hat: die negativen Nachrichten und den Alltagsstress … Beim Pilgern gelingt das ganz wunderbar.

Bereits der Titel der Pilgerroute klingt vielversprechend: „Weg der Stille". Er ist insgesamt 41 Kilometer lang und lädt auf drei Etappen dazu ein, sich mit der Stille auseinanderzusetzen. Denn in unserer lauten und hektischen Welt sind **Stille und Innehalten** zu einem wertvollen Gut geworden. Und so wundert es nicht, dass sich immer mehr Menschen für das Pilgern interessieren.

Die Beweggründe dafür sind vielfältig: „Manche möchten sich einfach eine Weile aus ihrem gewohnten Umfeld herausnehmen, andere haben vielleicht einen Veränderungswunsch und möchten einen inneren und äußeren Weg beschreiten", erzählt Stefan Hoene, der als Pilgerbegleiter für die drei Tagesetappen von Schwalenberg nach Corvey gebucht werden kann. Dem **Gehen** komme dabei eine wichtige Rolle zu, denn es sei eine sehr substanzielle Art der Bewegung, so Hoene. „Unterwegs wird der Wahrnehmungsmodus geschärft", weiß er zu berichten. „Ich liebe diesen Weg, es ist immer wieder ein sehr **intensives Erlebnis** mit all den Einflüssen der Natur."

Für mich!

Losgehen, loslassen, bei sich selbst ankommen

Ob mit oder ohne Pilgerbegleitung, sich drei ganze Tage für sich und die innere Einkehr Zeit zu nehmen – wann hat man das zuletzt getan? Startpunkt vom „Weg der Stille" ist das hübsche Fachwerkstädtchen Schieder-Schwalenberg. Es folgen **traumhafte Wege,** die im sanften Herbstlicht eine ganz besondere Magie entfalten. Das Herz wird weit bei so viel landschaftlicher Schönheit. Einige Kilometer später folgt die erste Pause. Man blickt in den blauen Himmel, wo Sonne und Herbst die Blätter der Pappeln in Gold getaucht haben. Ein Gefühl von Glück durchströmt den ganzen Körper. Und von Dankbarkeit darüber, an diesem Ort sein zu dürfen.

Weiter geht's, denn neben **besinnlichen Momenten der Stille** warten auf der Strecke noch weitere Highlights. Eine Übernachtung im Koptischen Kloster Brenkhausen und das UNESCO-Weltkulturerbe Schloss Corvey zählen definitiv dazu.

„Weg der Stille", Start: Marktstraße, 32816 Schieder-Schwalenberg, Informationen und Übernachtungsmöglichkeiten unter www.weg-der-stille.de

IM BUNTEN WUNDERLAND

Gemütlich ist's hier in dem kleinen Häuschen mit Blick ins Grüne. Gäbe es draußen nicht so viel zu entdecken, würde man es gar nicht mehr verlassen.

Bei der Ankunft am ländlich gelegenen Hof in Stemwede fühlt man sich ein wenig, als betrete man ein Wunderland. Da sind die zwei fantasievoll gestalteten Tiny-Häuschen, ein großes Tipi und allerlei **farbenfrohe Keramikkunstwerke,** die das Grundstück mit dem naturnahen Garten zieren. Und das ist längst noch nicht alles, was es hier zu entdecken gibt.
Geschaffen wurde dieser außergewöhnliche Ort von Kathinka Luckmann und Gerd Lammers. Das Künstlerehepaar hat mit dem alten Bauernhof die idealen Voraussetzungen gefunden, um Töpferwerkstatt, Wohnen, Ausstellungs- und Kursraum sowie die Tiere zu vereinen. „Die Nachfrage nach unseren Töpferkursen war schon damals sehr hoch", erzählt Kathinka Luckmann, „und da viele Interessenten von außerhalb kamen, hatten wir die Idee, auch Übernachtungsmöglichkeiten anzubieten." Die Idee zu den zwei **hübschen Tiny-Häusern** war geboren.
Das kleinere Tiny House namens „Spatzennest" ist ideal für eine **Auszeit mit sich allein** oder zu zweit geeignet. Es wurde mit viel Liebe aus einem ehemaligen Bauwagen umgebaut und steht im Garten unter alten Bäumen auf einer **Wildblumenwiese.** Die dazugehörige Komposttoilette befindet sich direkt daneben, in einem urigen Hobbit-Holzhäuschen. Ein weiteres Highlight ist die Outdoor-Dusche, die allen Gästen zur Verfügung steht. Genauso wie die überdachte Outdoor-Küche – hier kann gemeinsam gekocht und gegessen werden. Wer mag, darf beim täglichen Füttern der Tiere helfen, Hühnereier sammeln oder die Pferde putzen. Auch Kurse in der hofeigenen Töpferei können individuell gebucht werden. Kein Wunder, dass insbesondere Großstädter gerne Urlaub in diesem **Landidyll** machen.
Falls man das Wunderland doch mal für einen Ausflug verlassen möchte, bietet sich eine Radtour zu einem der Seen oder Moorlandschaften in der Umgebung an. Lässt man den Tag dann entspannt beim Lagerfeuer mit Stockbrot ausklingen, ist das Urlaubsglück perfekt.

Für mich!
Ein Wochenende in uriger Umgebung verbringen

Urlaub im Tiny House, Keramikwerkstatt Stemwede-Sundern, Knüve 7, 32351 Stemwede, Tel. (0 57 45) 9 20 14 21, www.keramikkunstundso.de

MIT ALLEN SINNEN

Die Geheimnisse der ayurvedischen Kochkunst kennenlernen und eine spirituelle Auszeit in Europas führendem Ashram genießen.

Kaum hat man den Yoga Vidya Ashram in Horn-Bad Meinberg betreten, fühlt man sich, als sei man nach Indien gereist: Ein exotischer **Duft von Räucherstäbchen** liegt in der Luft, Wände und Flure erstrahlen in warmen Farben, hier und da thronen hinduistische Götter. Trotz der Menschen, die durch die Gänge strömen, ist die Atmosphäre tiefenentspannt.

Manikaran Goel und seine Frau Annedore begrüßen die Teilnehmerinnen und Teilnehmer herzlich. Sie alle sind angereist, um beim Wochenendseminar die Grundprinzipien der ayurvedischen Küche in Theorie und Praxis kennenzulernen. Manikaran, kurz Mani genannt, ist gelernter indisch-ayurvedischer Koch und stammt aus Rishikesh – einem spirituellen Zentrum am heiligen Fluss Ganges. Rund 30 Jahre ist es mittlerweile her, dass er seiner Frau zuliebe nach Deutschland kam, seitdem gibt er regelmäßig **ayurvedische Kochseminare.**

Für mich!
Eintauchen in die Welt des Ayurveda

Der Workshop beginnt mit der Einführung in die wichtigsten Basics des Ayurveda und der dazugehörigen vegetarischen Ernährungslehre. Ein Grundprinzip der ayurvedischen Küche ist, dass immer **frisch gekocht** wird. Auch die Curry-Gewürzmischung wird selbst und frisch hergestellt. Dafür landen Fenchel, Bockshornklee, Zimt, Nelken, schwarzer Kreuzkümmel und viele weitere Gewürze zum Rösten in der Pfanne. Anschließend wird alles im Mörser fein gemahlen und um Gelbwurz ergänzt. Einfach herrlich duftet diese Mischung, die dabei entsteht. „Alle werden euch fragen, wo ihr gewesen seid, weil ihr noch viele Stunden nach Curry riecht“, verspricht Mani lachend.

Am letzten Tag sitzt man in gemütlicher Runde zusammen und genießt die gemeinsam zubereiteten **Köstlichkeiten.** Dazu zählen Naan-Brot, Schwarze-Linsen-Klöße in Kartoffel-Curry und eine Koriandersoße mit grünen Chilis. Mit den Fingern zu essen, ist übrigens ausdrücklich erlaubt. Ayurvedisch kochen bedeutet eben auch, **mit allen Sinnen** zu genießen.

Yoga Vidya, Yogaweg 1, 32805 Horn-Bad Meinberg,
Tel. (0 52 34) 8 70, www.yoga-vidya.de

Wohltat für Körper, Geist und Seele

Auf den Körper hören

AYURVEDA ALS KRAFTOASE

„Das Wissen vom Leben“ bedeutet Ayurveda übersetzt. Der Ursprung der traditionellen indischen Heilkunde reicht über 5000 Jahre zurück, daher gilt sie als älteste Heilwissenschaft der Welt. Auch wenn sie von der Schulmedizin oft als Esoterik abgetan wird, gibt es mittlerweile wissenschaftliche Studien, die ihre Wirkung belegen. Vor allem bei chronischen Krankheiten der Muskeln und Gelenke wie Rheuma oder Arthrose kann Ayurveda helfen, aber auch bei Diabetes und entzündlichen Darmerkrankungen.
Im Ayurveda werden Körper, Geist und Seele als symbiotische Einheit gesehen. Jedes körperliche oder psychische Ungleichgewicht kann Krankheiten verursachen. Daher integriert die indische Heilkunde zahlreiche Maßnahmen, die sich positiv auf unsere **physische und psychische Balance** auswirken sollen. Dazu zählen:

- Eine an die Jahreszeiten und die eigene individuelle Konstitution angepasste vegetarische Ernährung.

- Eine friedvolle Lebensgestaltung, die auf Wahrhaftigkeit, Ehrlichkeit, Demut, Ausgeglichenheit, Freundlichkeit und Mitgefühl für alle Lebewesen beruht.
- Eine regelmäßige Yoga- und Meditationspraxis.
- Eine ganzheitliche Diagnose, bei der unter anderem der individuelle Konstitutionstyp festgelegt wird.
- Ayurvedische Massagen, Stirngüsse, Heilkräuter und Medizin.
- Reinigungs- und Verjüngungsmaßnahmen, zum Beispiel in Form von Panchakarma- oder Rasayana-Kuren

Ayurveda beschreibt die Natur als **Vereinigung der drei Kräfte Kapha, Pitta und Vata.** Diese Kräfte sind auch ins uns vorhanden, allerdings zu verschiedenen Anteilen. Dadurch wird unsere Grundkonstitution bestimmt. Ein ungesunder Lebensstil kann die drei Doshas aus dem Gleichgewicht bringen. Vor allem die Verdauung hat im Ayurveda einen hohen Stellenwert, denn nur das, was wir vollständig verdauen, kann unser Körper tatsächlich verwerten. Deshalb wird auch die Ernährung auf den persönlichen Konstitutionstyp zugeschnitten.

Die drei Doshas im Ayurveda

KAPHA ist im Ayurveda den Elementen Erde und Wasser zugeordnet. Menschen mit einem hohen Kapha-Anteil sind fürsorglich, zuverlässig, emotional stabil und geduldig. Sie mögen Routinen und Traditionen und neigen zur Trägheit. Ist Kapha zu stark, werden sie leicht unflexibel und reagieren mit Rückzug.

PITTA bedeutet „Galle“ und steht für das Element Feuer. Pitta-Typen sind zielstrebig, übernehmen gerne Verantwortung, denken analytisch und sind gut organisiert. Sie haben eine starke Verdauung und schwitzen viel. Aufgrund ihres feurigen Temperaments sind sie schnell verärgert, ebenso schnell beruhigen sie sich jedoch wieder.

VATA bedeutet „Wind“ und ist das Bewegungsprinzip des menschlichen Organismus. Menschen, bei denen Vata vorherrscht, sind dünn, empfindlich gegen Kälte und Wind und haben eine wechselhafte Verdauung. Vata-Typen zeichnen sich durch ihre Kreativität, Begeisterungsfähigkeit und Vorstellungskraft aus.

69 *Meine Frei-Zeit*

AUF INS ABENTEUER

Das Zelt ist aufgebaut, der Schlafsack liegt bereit. Die Vorfreude auf dieses kleine Abenteuer, das an glückliche Kindheitstage erinnert, steigt.

Wie schön war es doch in der Kindheit, im Garten der Eltern zu zelten! Das Geräusch des Zeltreißverschlusses, das einen vor Vorfreude frohlocken ließ, die Gemütlichkeit im Inneren und die Geräusche der Nacht. Ein aufregendes Abenteuer, eine wunderbare **Abwechslung zum Alltag.**
Zelten erlebt seit Jahren eine Renaissance. Kein Wunder, denn kaum eine andere Urlaubsform bietet so viel **Nähe zur Natur.** Vor allem, wenn man es „in freier Wildbahn“ tut. In Deutschland ist dies nicht erlaubt, doch mittlerweile gibt es viele Alternativen zum herkömmlichen Campingplatz. Auch immer mehr Höfe bieten freie Stellplätze auf Wiesen und Feldern an, wie der Erlebnisbauernhof Kastanienhof im Kalletal. Auf dem großen Gelände können Camper gegen eine geringe Gebühr Stellplätze im Grünen buchen. Alternativ ist auch ein Urlaub gegen Hand und Hilfe möglich. Strom, Bad und Dusche sind vorhanden. Gedanklich ist man hier schnell raus aus dem Alltag. Dazu tragen auch die vielen tierischen Bewohner bei: ein Hund, Katzen, Kaninchen, Hühner, Schweine, Esel und Mulis. Bei einem Eselspaziergang kann man die schöne Natur des Lipperlandes im Eseltempo erkunden, was herrlich **entschleunigend** ist. Und so kommt dieses Angebot nicht nur bei den kleinen Gästen sehr gut an.
Auch für Zeit mit sich allein ist genügend Raum auf dem Kastanienhof. Unter der großen Eiche lädt eine **Schaukel** dazu ein, Beine und Seele baumeln zu lassen. Mit jedem Schwung spürt man, wie die Seele ein wenig höher fliegt.
Für alle, die sich gerne künstlerisch betätigen, bietet Katrin Noltemeier, die den Hof gemeinsam mit ihrem Mann führt, regelmäßig **Kreativabende** an. Bei diesen wird gemalt, gebastelt oder genäht, was das Herz begehrt. In geselliger Runde mit Gleichgesinnten macht es gleich noch mehr Freude. Im Anschluss kuschelt man sich ins Zelt und schaut in die Natur, bis sich die Dämmerung langsam über Felder, Wälder und Wiesen legt.

Für mich!
Im Zelt Kindheitserinnerungen aufleben lassen

Kastanienhof, Erlebnisbauernhof, Dudenhausen 3,
32683 Barntrup, Tel. (0 52 62) 9 96 35 31, www.kastanienhof-lippe.de

PLÄTSCHERNDE IDYLLE

Zarte Nebelschwaden steigen im Licht der Morgensonne aus dem See empor. Gemütlich in eine Decke eingekuschelt, genießt man das Naturschauspiel.

Zwischen Höxter und Godelheim, direkt am Weserradweg, liegt die Godelheimer Seenplatte – ein bezauberndes Naturidyll, das auch bei Campern beliebt ist. Seit 2023 gibt es hier ein weiteres Highlight, das für eine Auszeit der anderen Art gebucht werden kann: die Floating Houses. Auf etwa 44 Quadratmetern bieten die fest verankerten Hausboote eine komfortable **Alltagsflucht mit Panoramablick** auf die Weser, das Schloss Fürstenberg und den Solling.

Jedes der Boote ist anders eingerichtet, doch verzichten muss man auf nichts: Zwei Schlafzimmer, Küchenzeile, WC, Badezimmer, TV, Terrasse und Sonnendeck ... Sogar einen **romantischen Kaminofen** gibt es. Das stylishe Interieur mit Sofa und Sitzecke sieht aus, als sei es aus einem Wohnmagazin entsprungen. Schnell wird klar, hier kann man es sich zu jeder Jahreszeit gut gehen lassen. Auch ein Kajak und ein Stand-up-Board stehen den Gästen zur Verfügung – perfekt, um die attraktive Umgebung zu erkunden. Auch wenn man das Hausboot gar nicht verlassen mag, es lohnt sich, denn Höxter hat einiges zu bieten. Das 1200-jährige ehemalige Benediktinerkloster Corvey zum Beispiel, das seit 2014 Weltkulturerbe der UNESCO ist. Im Sommer finden hier zahlreiche kulturelle Veranstaltungen wie Lesungen und Sommerkonzerte statt. Aber auch die **malerische mittelalterliche Altstadt** von Höxter mit ihren historischen Fachwerkhäusern ist einen Besuch wert. Hier lässt es sich herrlich gemütlich durch die Gassen bummeln. Alternativ bietet sich eine Etappe auf dem Weser-Radweg an, der zu den schönsten Flussradwegen Deutschlands zählt. Langweilig wird es hier so schnell nicht.

Für mich!
Auf dem Wasser schlafen und Ausflüge machen

Begeistert von all den Eindrücken kehrt man zurück ins schwimmende Traumhaus. Zeit, den Tag auf der Terrasse ausklingen zu lassen. **Glücklich und entspannt** lauscht man dem abendlichen Vogelkonzert und schaut zu, wie die Sonne den See in ein Meer funkelnder Sterne verwandelt.

Floating Houses, Freizeitgelände Ahlemeyer, Godelheimer Straße 57, 37671 Höxter, www.floatinghouses.de/weserbergland/

Bibliografische Information der Deutschen Nationalbibliothek
Die Deutsche Nationalbibliothek verzeichnet diese Publikation in der Deutschen Nationalbibliografie; detaillierte bibliografische Daten sind im Internet über http://dnb.d-nb.de abrufbar.

Konzeption/Satz: Droste Verlag, Düsseldorf
Einbandgestaltung: Vernice Collet
Fotos: Rebecca Schirge, außer:
S. 11: Kräuterladen Paracelsus / Patrick Pohlmeier; S. 20: www.stock.adobe.com/220 Selfmade studio; S. 31: Robin Penske; S. 38: www.stock.adobe.com/Novak; S. 43: Andreas Frücht; S. 49: LWL, Maria Tillmann; S. 57: Falko Sieker, CCBYSA; S. 59: www.stock.adobe.com/dina; S. 61: Stadtmarketing Bad Lippspringe / Besim Mazhiqi; S. 62: www.stock.adobe.com/Sergio; S. 76: Sabine Meyer, missmeyerfotografie.de; S. 79: www.stock.adobe.com/sol.zero; S. 81: Nadja Jacke; S. 89: Stella Lippegaus; S. 93: Maria Reizki; S. 110: www.stock.adobe.com/Brüsertiv; S. 117: Crossout.de/Alexandra Wardana; S. 121: VitaSol Therme GmbH; S. 122: www.stock.adobe.com/tobias kromke; S. 137: Dampfeisenbahn Weserbergland e.V.; S. 139: Maria Reizki; S. 143: Barbara Laß; S. 159: Keramikwerkstatt Stemwede-Sundern; S. 162: www.stock.adobe.com/ArtSys; S. 167: Lukas Holzmeier
Textlektorat: Ute König, Kitzingen
Druck und Bindung: LUC GmbH, Greven

FSC www.fsc.org
MIX
Papier | Fördert gute Waldnutzung
FSC® C011279

ISBN 978-3-7700-2467-4
www.droste-verlag.de